CARTEA DE CATEGORIE PENTRU TOATE UTILIZĂRI FIDERNĂ ȘI PICANTĂ

100 DE RETETE DELICIOS DE CALDE SI PICANTE

Smaranda Mărguța

Toate drepturile rezervate.

Disclaimer

Informațiile conținute în această carte electronică sunt menite să servească drept o colecție cuprinzătoare de strategii despre care autorul acestei cărți electronice a făcut cercetări. Rezumatele, strategiile, sfaturile și trucurile sunt recomandate doar de autor, iar citirea acestei cărți electronice nu va garanta că rezultatele cuiva vor oglindi exact rezultatele autorului. Autorul cărții electronice a depus toate eforturile rezonabile pentru a oferi informații actuale și exacte pentru cititorii cărții electronice. Autorul și asociații săi nu vor fi făcuți la răspundere pentru orice eroare sau omisiuni neintenționate care ar putea fi găsite. Materialul din cartea electronică poate include informații de la terți. Materialele terților cuprind opinii exprimate de proprietarii acestora. Ca atare, autorul cărții electronice nu își asumă responsabilitatea sau răspunderea pentru niciun material sau opinii ale terților.

Cartea electronică este copyright © 2022 cu toate drepturile rezervate. Este ilegal să redistribuiți, să copiați sau să creați lucrări derivate din această carte electronică, integral sau parțial. Nicio parte a acestui raport nu poate fi reprodusă sau retransmisă sub nicio formă, fără permisiunea scrisă exprimată și semnată din partea autorului.

Somario

Disclaimer 1

INTRODUCERE 17

JALAPENO 18

   1. Jalapeño umplut la fermă 19

      Ingrediente 20

      Directii 20

   2. Porumb Jalapeño 21

      Ingrediente 22

      Directii 22

   3. Jeleu de jalapeño 23

      Ingrediente 24

      Directii 24

   4. Jalapeños dulci 25

      Ingrediente 26

      Directii 26

   5. Jalapeño Pesto 26

Ingrediente 27

Directii 27

6. Friptură cu sos argentinian Jalapeño 28

Ingrediente 29

Directii 29

7. Salsa mexicană Jalapeño... 30

Ingrediente 31

Directii 31

8. Cartofi prăjiți Jalapeño 32

Ingrediente 33

Directii 33

9. Popcorn Jolly-Molly... 34

Ingrediente 35

Directii 35

10. Aperitive Monterey.. 36

Directii 37

11. Jalapeños de duminică... 37

Directii 39

12. Jalapeño Fudge 40

Directii 41

13. Jalapeño Dip 42

Directii 42

14. Caserolă mexicană din California 43

Directii 44

15. Coacerea mexicană cu jalapeño 46

Directii 47

16. Porumb picant de sud-vest 48

Directii 49

17. Jalapeño Poppers 50

Directii 51

18. Jalapeños din Texas 53

Directii 54

19. Wrap-uri cu bacon la gratar 55

Directii 56

20.Jalapeño Spread 56

Directii 57

21.Jalapeño și gem de fructe de pădure 57

Directii 59

Directii 61

22.Monterey Enchiladas 62

Ingrediente 63

Directii 63

23.Sandwich Jalapeño 65

Ingrediente 66

Directii 66

24.Aluat de foietaj Jalapeño 68

Ingrediente 69

Directii 69

25.Pâine picant Jalapeno 70

Ingrediente 71

Directii 71

26.Supa Jalapeño 72

    Ingrediente 73

    Directii 73

27.Jalapeño Chili Texas Style.. 74

    Ingrediente 75

    Directii 75

28.Cina Caraibe-Mexicană.. 77

    Ingrediente 78

    Directii 78

29. Texas Jalapeño Chutney... 80

    Ingrediente 81

    Directii 81

30.Chili Jalapeño maghiar 82

    Ingrediente 82

    Directii 83

31. Supă de năut mediteranean 84

    Ingrediente 85

    Directii 85

32. Sos tradițional mexican 87

    Ingrediente 88

    Directii 88

33. Supa de linte 89

    Ingrediente 90

    Directii 90

34. Ușor Dahl 91

    Ingrediente 92

    Directii 92

35. Wontons de inspirație asiatică 94

    Ingrediente 95

    Directii 95

36. Wontons de prânz din Turcia 96

    Ingrediente 96

Directii 97

37. Wontons Louisville 98

Ingrediente 99

Sos 99

Directii 99

38. Orez brun mexican ușor 100

Ingrediente 101

Directii 101

39. Supă asiatică de pui 103

Ingrediente 104

Directii 104

40. Sos curry cambodgian 106

Ingrediente 107

Directii 107

41. Chili alb 108

Ingrediente 109

Directii 109

42. Jalapeño Gazpacho 111

Ingrediente 112

Directii 112

43. Salsa de avocado 113

Ingrediente 113

Directii 114

44. New World Ceviche 115

Ingrediente 116

Directii 116

45. Popsicles mexicani picante 118

Ingrediente 119

Directii 119

46. Lasagna spaniolă 120

Ingrediente 121

Directii 121

47. Fetuccine cremoase de pui 122

Ingrediente 123

Directii 123

48. Salată de varză Chipotle 124

Ingredient 125

Directii 125

49. Jalapeño, Cilantro și Mango Tilapia.............................126

Ingrediente 127

Directii 127

50. Creveți În Thailanda..128

Ingrediente 129

Directii 129

51. Jerk Pui 131

Ingrediente 132

Directii 132

52. Salata jamaicana..134

Ingrediente 135

Directii 135

53. Pui de cocos 137

    Ingrediente 137

    Directii 138

54. Cuscus Mayan 139

    Ingrediente 139

    Directii 140

55. Fajitas de friptură 141

    Ingrediente 142

    Directii 142

56. Orez roșu mexican 144

    Ingrediente 145

    Directii 145

57. Salsa Verde 147

    Ingrediente 148

    Directii 148

THAI, SERRANO, CAYENNE CHILES 148

58. Crêpe cu făină de năut 149

    Ingrediente 149

    Directii 150

59. Crêpe de grâu 151

    Ingrediente 152

    Directii 152

60. Masala Tofu Scramble 153

    Ingrediente 154

    Directii 154

61. Masala Papad 156

    Ingrediente 157

    Directii 157

62. Salata de fasole picanta 158

    Ingrediente 159

    Directii 159

63. Dip de vinete prăjite 161

Ingrediente 162

Directii 162

64. Pătrate de legume la cuptor 164

Ingrediente 165

Directii 166

65. Chirtărițe picante de cartofi dulci 167

Ingrediente 168

Directii 169

66. Salata de muguri a mamei....................................170

Ingrediente 171

Directii 171

67. Salată de roșii, castraveți și ceapă 172

Ingrediente 173

Directii 173

68. Salata de Strada Popper de Naut 174

Ingrediente 175

Directii 175

69. Salata de morcovi crocanti 177

    Ingrediente 178

    Directii 178

70. Dhokla de orez brun și fasole Adzuki 179

    Directii 180

71. Salata caldă nord-indiană 182

    Ingrediente 183

    Directii 183

72. Salata rece de stradă 185

    Ingrediente 186

    Directii 186

73. Quickie Masala Fasole sau Linte 188

    Ingrediente 189

    Directii 189

74. Salata de Leguminoase cu Cocos 191

    Ingrediente 192

Directii 192

75. Fasole curry sau linte 193

Ingrediente 194

Directii 194

76. Curry inspirat de Goan cu lapte de cocos 195

Ingrediente 197

Directii 198

77. Leguminoase Chana Masala 198

Ingrediente 199

Directii 199

78. Fasole curry punjabi 200

Ingrediente 201

Directii 202

79. Fasole și linte fierte încet 203

Ingrediente 204

Directii 204

80. Chana și Split Moong Dal cu fulgi de piper 205

Ingrediente 205

Directii 206

81. Tofu condimentat și roșii 207

Ingrediente 208

Directii 209

82. Hash de cartofi cu chimen 209

Ingrediente 211

Directii 211

83. Hash de cartofi cu seminte de mustar 213

Ingrediente 214

Directii 214

84. Varză în stil punjabi 216

Ingrediente 217

Directii 218

85. Varză cu semințe de muștar și nucă de cocos 219

Ingrediente 220

Directii 220

86. Fasole cu cartofi 221

    Ingrediente 222

    Directii 222

87. Vinete cu cartofi 223

    Ingrediente 224

    Directii 225

88. Masala Varza de Bruxelles 226

    Ingrediente 227

    Directii 227

89. Pină vinete umplute cu caju 229

    Ingrediente 230

    Directii 231

90. Spanac condimentat cu „Paneer" 232

    Ingrediente 233

    Directii 234

91. Bame trosnitoare 235

Ingrediente 236

Directii 236

92.Pui chinezesc iute și picant 237

93.Fasole picante 239

Ingrediente 240

Directii 240

Condiment fierbinte 240

94. Poppers cu naut 241

Ingrediente 242

Directii 242

95.Salata de porumb de strada 243

Ingrediente 244

Directii 244

96.Salata de fructe Masala 245

Ingrediente 246

Directii 246

97.Cartofi schinduf-spanac 247

    Ingrediente 248

    Directii 248

98.Fasole Masala prăjită sau linte 250

    Ingrediente 251

    Directii 251

99.Fasole cu frunze de curry 252

    Ingrediente 253

100.Curry inspirat de Sambhar pe plită 254

    Ingrediente 255

    Directii 255

INTRODUCERE

Ardeii iute adaugă culoare preparatului, în afară de a fi fierbinți. Ardeii iute roșii măcinați sunt folosiți pentru a aroma cărnii și sosurile, în timp ce ardeii iute verzi condimentează chutney-urile și articolele prăjite. Ardeii iute pot fi fierbinți indiferent de culoarea lor. Capsicum sau ardeiul gras verde, mereu mai blând la gust, adaugă textură.

Garam masala (literal condiment iute în hindi) este asemănător cu pudra de ienibahar. Este un amestec de condimente măcinate util pentru a asezona aproape orice fel de mâncare indian. Cel mai bine este să obțineți condimentele proaspete și să le prăjiți înainte de a le măcina. Se va păstra aproximativ 3 luni într-un borcan ermetic. Condimentele pot aduce ce este mai bun din orice ingredient, iar aroma poate crea un apetit sănătos în toată vecinătatea. Indienii antici credeau că o mâncare bună ar trebui să atragă toate simțurile. Totul este o chestiune de proporție - textura, culoarea, aroma și gustul potrivite.

Contrar credinței populare, mâncarea „picantă" nu are ca rezultat
Ulcere. Ghimbirul, de exemplu, este folosit în medicina orientală ca „vindecare" pentru diferite afecțiuni, inclusiv durerile de cap pentru întinerirea corpului. În tradiția populară, ghimbirul este

lăudat ca un reparator și ca un afrodisiac. Această rădăcină cu gust înțepător ajută digestia. Acest ingredient rădăcină, o „rudă" apropiată a ginsengului chinezesc, ajută la digestia. În mod similar, turmericul este utilizat pe scară largă ca conservant, îmbunătățitor de gust (în loc de MSG pentru a evita „sindromul restaurantului chinezesc") și aditiv alimentar. Acest ingredient ocupă un loc proeminent în medicina tradițională orientală.

JALAPENO

1. Jalapeño umplut la fermă

Porții: 10

Ingrediente

- 1 pachet (8 oz.) cremă de brânză, înmuiată
- 1 cană brânză Cheddar măruntită
- 1/4 cană maioneză
- 1 pachet (1 oz.) amestec uscat pentru sosuri de salată
- 1 1/2 linguriță pudră de usturoi
- 20 de ardei jalapeno mari, tăiați în jumătate și fără semințe
- 1 lb. slănină de curcan feliată, tăiată în jumătate

Directii

1. Setați cuptorul la 400 de grade F înainte de a face orice altceva.
2. Într-un castron mare, adăugați toate ingredientele, cu excepția ardeiului jalapeño și a baconului.

3. Umpleți jumătățile de ardei jalapeño cu amestecul de brânză și înveliți-le cu o felie de bacon.

4. Asigurați totul cu scobitori și aranjați-l într-o tigaie pentru broiler.

5. Gatiti totul la cuptor pentru aproximativ 20 de minute.

2. Porumb Jalapeño

Porții: 4

Ingrediente

- 6 spice de porumb proaspat, boabe taiate din stiuleti
- 2 ardei jalapeno proaspeți, fără semințe și tăiați cubulețe 1/3 cană ceapă tăiată cubulețe
- 2 linguri de ardei piment tocati
- 2 linguri de unt, tăiate în bucăți
- sare si piper negru macinat dupa gust

Directii

1. Într-un castron sigur pentru microunde, amestecați ardeii jalapeño, ceapa, porumbul și untul.
2. Acoperiți vasul cu o folie de plastic și puneți totul la microunde la foc mare timp de aproximativ 4 minute, amestecând la fiecare 1 minut.
3. Amestecați sarea și piperul negru și serviți.

3. Jeleu de jalapeño

Porții: 32

Ingrediente

- 1 ardei gras verde mare
- 12 ardei jalapeno
- 1 1/2 cană oțet de mere
- 1 praf sare
- 4 1/4 cană zahăr granulat
- 4 uncii. pectină lichidă
- 4 ardei jalapeno, fără semințe și tocați mărunt

Directii

1. Intr-un robot de bucatarie adaugati cei 12 ardei jalapeño si ardeii grasi si pasati pana se toaca marunt.
2. Amestecați amestecul de ardei într-o cratiță mare cu oțetul de cidru și aduceți la fierbere.
3. Se fierbe totul aproximativ 15-20 de minute.

4. Aranjați cele 2 straturi de prosop peste un bol și strecurați amestecul de ardei, prin presare.

5. În aceeași tigaie, adăugați 1 cană de lichid de ardei, zahăr și sare la foc mediu-mare și amestecați totul până când zahărul se dizolvă complet.

6. Aduceți totul la fiert și gătiți amestecul timp de aproximativ 1 minut.

7. Se amestecă pectina lichidă și ardeii jalapeño rămași și se transferă amestecul în borcane sterilizate, lăsând un spațiu de aproximativ 1/4 inch față de partea de sus.

8. Sigilați borcanele și procesați-le într-o baie de apă fierbinte.

9. Dați jeleul la frigider după deschiderea borcanelor.

4. Jalapeños dulci

Porții: 74

Ingrediente

- 1 galon de ardei jalapeno tăiați cubulețe
- 5 lb. zahăr alb

Directii

1. Scurgeți cantitatea necesară de apă din borcanul de ardei jalapeño.

2. Adăugați zahărul și etanșați borcanul și țineți-l deoparte cel puțin 1 săptămână, aruncând borcanul zilnic.

5. Jalapeño Pesto

Porții: 14

Ingrediente

- 1/4 cană nuci
- 2 catei de usturoi
- 2 cesti ambalate frunze proaspete de busuioc
- 3/4 căni de brânză Parmagiano-Reggiano mărunțită
- 1 ardei jalapeno, tulpina îndepărtată
- 2/3 cani ulei de masline
- sare si piper negru macinat dupa gust

Directii

1. Într-un robot de bucătărie, adăugați usturoiul și nucile și amestecați până se toacă mărunt.
2. Adăugați ingredientele rămase, cu excepția uleiului și pulsul, până se combină bine.

3. În timp ce motorul funcționează, adăugați încet uleiul și pulsați până se omogenizează.

6. Friptură cu sos argentinian Jalapeño

Porții: 6

Ingrediente

- 4 ardei jalapeño, cu tulpină
- 4 catei de usturoi, curatati de coaja
- 1 1/2 lingurita piper negru crapat
- 1 lingură sare grunjoasă
- 1/4 cană suc de lămâie
- 1 lingura oregano uscat
- 1 1/2 lb. friptură de mușchie

Directii

1. Într-un blender, adăugați usturoiul, ardeiul jalapeño, oregano, sare, piper negru și sucul de lămâie și amestecați până se omogenizează.

2. Transferați amestecul de jalapeño într-o tavă de copt puțin adâncă.

3. Adăugați friptura și acoperiți-o cu amestecul generos.

4. Se da la frigider, acoperit pentru aproximativ 8 ore.

5. Setați grătarul la foc mare și ungeți grătarul.

6. Gatiti ardeii pe gratar aproximativ 5 minute pe ambele parti.

7.Salsa mexicană Jalapeño

Ingrediente

- 10 ardei jalapeño proaspeți
- 2 rosii
- 1 ceapă albă, tăiată în sferturi
- 1/4 cană coriandru proaspăt tocat, sau mai mult, după gust 2 căței de usturoi, zdrobiți 1 lămâie verde, cu suc
- 1 lingurita sare
- 1 lingurita piper negru macinat

Directii

1. Într-o cratiță mare cu apă, adăugați ardeii jalapeño și aduceți la fiert.
2. Se fierbe totul aproximativ 10-12 minute.
3. Cu o lingură cu fantă, scoateți ardeii jalapeño din apă.
4. Scoateți tulpinile și puneți-le într-un blender.
5. În aceeași tigaie cu apă, fierbeți roșiile aproximativ 2-3 minute.
6. Cu o lingura cu fanta scoateti rosiile din apa.

7. Scoateți coaja roșiilor și puneți-le în blender cu ardeii jalapeño.

8. Adăugați ingredientele rămase și pulsați până se omogenizează.

8. Cartofi prăjiți Jalapeño

Ingrediente

- 2 cani de ulei vegetal, sau la nevoie
- 1 cană făină universală
- 2 linguri praf de usturoi
- sare si piper negru macinat dupa gust
- 6 ardei jalapeño - tăiați în jumătate, fără semințe și tăiați în bucăți în formă de prăjiți
- 2 oua

Directii

1. Într-o tigaie mare, încălziți uleiul la foc mediu.
2. Într-un vas puțin adânc, spargeți ouăle și bateți bine.
3. Într-un alt vas de mică adâncime, amestecați împreună făina, praful de usturoi, sarea și piperul negru.
4. Ungeți feliile de ardei jalapeño cu ou și rulada în amestecul de făină uniform.

5. Adăugați feliile de ardei jalapeño în uleiul încins în reprize și prăjiți-le aproximativ 2-3 minute pe ambele părți.

9. Popcorn Jolly-Molly

Ingrediente

- 1/4 cană ulei vegetal, împărțit
- 6 felii de ardei jalapeño murati, scursi
- 1/3 cană boabe de floricele de porumb
- 1/4 cană unt, topit
- 1 pachet (1 oz.) amestec de dressing ranch

Directii

1. Într-o tigaie mică, încălziți 2 linguri de ulei la foc mediu-mare și prăjiți ardeii jalapeño timp de aproximativ 3-5 minute.
2. Cu o lingura cu fanta, transferati ardeii jalapeño intr-o farfurie si maruntiti-i.
3. Într-o tigaie mare, încălziți uleiul rămas la foc mediu-mare și puneți 4 boabe de floricele de porumb.
4. Acoperiți și gătiți totul până când floricelele de porumb pur și simplu începe să iasă.

5. Puneți sâmburii de floricele rămase în tigaie într-un singur strat.

6. Acoperiți tigaia și luați totul de pe foc aproximativ 30 de secunde.

7. Se pune tigaia la foc si se fierbe totul aproximativ 1-2 minute, in timp ce agitati usor tigaia.

8. Luați tigaia de pe foc și transferați floricelele într-un castron mare.

9. Adăugați untul topit și amestecul de dressing ranch și amestecați pentru a se combina.

10. Servește floricelele de porumb cu un topping de ardei jalapeño mărunțiți.

10.Aperitive Monterey

Ingrediente

-
  12 jalapeño mici
- 6 oz. Brânză Monterey Jack, tăiată cubulețe
- 1 cană de salam tare cușer feliat subțire
- scobitori de lemn

Directii

1. Setați grătarul la foc mare și ungeți grătarul.
2. Scoateți tulpinile, membrana și semințele ardeilor jalapeño.
3. Umpleți fiecare ardei cu brânză și înveliți fiecare cu o bucată de salam.
4. Fixați totul cu scobitori și gătiți pe grătar până se rumenesc pe ambele părți, răsturnând din când în când.

11. Jalapeños de duminică

Ingrediente

-
- 2 (7 oz.) cutii de jalapeño
- 6 oz. amestec de brânză mărunțită în stil mexican
- 1 lb. cârnați de vită, fierbinți
- 1 pachet (5,5 oz.) amestec de acoperire condiment picant

Directii

1. Setați cuptorul la 350 de grade F înainte de a face orice altceva.
2. Tăiați ardeii jalapeño pe lungime, apoi îndepărtați tulpinile, membrana și semințele.
3. Umpleți fiecare ardei cu brânză.
4. Așezați cârnații între 2 straturi de folie de plastic și cu un sucitor rulați-l subțire.
5. Înfășurați ardeii jalapeño cu feliile subțiri de cârnați.
6. Ungeți ardeii jalapeño cu amestecul de acoperire condimentat.

7. Gatiti totul la cuptor pentru aproximativ 15-25 de minute.

12. Jalapeño Fudge

Ingrediente

-
  6 ouă
- 1 1/4 lb. brânză Cheddar mărunțită
- 1 conserve (4 oz.) de ardei jalapeño tăiați cubulețe

Directii

1. Setați cuptorul la 350 de grade F înainte de a face orice altceva și ungeți ușor o tavă de copt de 12 x 9 inci.
2. Într-un castron, spargeți ouăle și bateți-le.
3. Adăugați ardeii jalapeño și brânza Cheddar și amestecați pentru a se combina.
4. Transferați uniform amestecul în tava de copt pregătită.
5. Gatiti totul la cuptor pentru aproximativ 20-25 de minute.

13. Jalapeño Dip

2 ardei jalapeño întregi proaspeți, fără semințe, devenați și tocați

- 1 recipient (16 oz.) smântână
- 1 pachet (1 oz.) amestec uscat pentru sosuri de salată
- 1 lingură pudră de usturoi
- 2 linguri coriandru proaspăt tocat

Ingrediente

●

Directii

1. Intr-un robot de bucatarie, adauga toate ingredientele si pulsa pana se omogenizeaza.

2. Dați la frigider, acoperit timp de aproximativ 1 oră până peste noapte înainte de servire.

14. Caserolă mexicană din California

4 cartofi la fiert

- 2 căni de lapte
- 3 linguri de faina
- 1 lingurita sare
- 1/4 lingurita piper negru macinat 1/4 lingurita usturoi pudra
- 1 cană de brânză cheddar dată prin răzătoare
- 1 cutie (4 oz.) de ardei jalapeño tăiați cubulețe
- 1 borcan (2 oz.) de piment tocat, scurs

Directii

1. Setați cuptorul la 350 de grade F înainte de a face orice altceva și ungeți ușor o tavă mare.
2. Într-o cratiță mare cu apă clocotită, fierbeți cartofii aproximativ 15-18 minute.
3. Scurge-le bine si tine-le deoparte sa se raceasca.
4. Curatam si feliati cartofii, apoi transferati totul in caserola pregatita.

Ingrediente

-

5. Într-un castron mic, amestecați făina, praful de usturoi, sarea și piperul negru.

6. Intr-o tigaie adaugam laptele la foc mediu si incet adaugam amestecul de faina, batand continuu.

7. Gatiti totul, batand continuu, pana cand amestecul devine gros.

8. Amestecați ardeii jalapeño și brânza cheddar și continuați să gătiți, amestecând totul până când brânza se topește.

9. Așezați uniform sosul peste cartofi și acoperiți-i uniform cu piment.

10. Gatiti totul la cuptor pentru aproximativ 30 de minute.

Ingrediente
15.Coacerea mexicană cu jalapeño

- 4 ouă
- 2 1/2 cană de brânză mărunțită în stil mexican
- 16 oz. felii de jalapeño murate

Directii

1. Setați cuptorul la 350 de grade F înainte de a face orice altceva și ungeți ușor o tavă de copt de 8 x 8 inci.
2. Într-un castron, spargeți ouăle și bateți-le.
3. Transferați ouăle în fundul vasului de copt pregătit.
4. Așezați ardeii jalapeño peste ouă uniform, lăsând niște ardei.
5. Puneți brânza peste ardei jalapeño și acoperiți cu ardeii rămași.
6. Gatiti totul la cuptor pentru aproximativ 30 de minute.

Ingrediente
16.Porumb picant de sud-vest

- 2 lingurite ulei de masline
- 1 ardei jalapeño mare, tocat
- 2 linguri de ceapa taiata cubulete
- 1 1/2 cană de porumb congelat, decongelat
- sare si piper negru macinat dupa gust
- 1 lingură coriandru proaspăt tocat

Directii

1. Într-o tigaie mare, încălziți uleiul la foc mediu-mic și căliți ardeii jalapeño timp de aproximativ 5 minute.
2. Se adaugă ceapa și se călește aproximativ 2 minute.
3. Se amestecă porumbul, sarea și piperul negru și se călesc timp de aproximativ 5 minute.
4. Se amestecă coriandru și se fierbe timp de aproximativ 30-60 de secunde.

Ingrediente
17. Jalapeño Poppers

12 oz. crema de branza, moale

1 pachet (8 oz.) de brânză Cheddar măruntită

1 lingura bucati de bacon de soia

12 oz. ardei jalapeño, fără semințe și tăiați la jumătate

1 cană lapte

1 cană făină universală

1 ceasca de pesmet uscat

2 litre de ulei pentru prăjit

Directii

1. Într-un castron, amestecați slănina, brânza cheddar și crema de brânză.

2. Într-un vas de mică adâncime, puneți laptele și într-un alt vas de mică adâncime, puneți făina.

3. Într-un al treilea vas de mică adâncime, puneți pesmetul.

4. Umpleți ardeii jalapeño cu amestecul de brânză.

Ingrediente

5. Înmuiați ardeii jalapeño în lapte apoi rulați-i uniform în făină.

6. Puneți ardeii jalapeño pe o farfurie timp de aproximativ 10 minute pentru a se usuca.

7. Acum, înmuiați ardeii jalapeño din nou în lapte, apoi rulați-i uniform în pesmet.

8. Puneți ardeii jalapeño pe o farfurie să se usuce.

9. Ungeți din nou ardeii jalapeño în pesmet uniform.

10. Într-o tigaie, încălziți uleiul la 365 de grade F înainte de a continua.

11. Gătiți jalapeño poppers aproximativ 2-3 minute.

12. Transferați jalapeño poppers pe o farfurie tapetată cu un prosop de hârtie pentru a se scurge.

Ingrediente
18. Jalapeños din Texas

1 lb. cârnați de curcan măcinat

1 pachet (8 oz.) cremă de brânză, înmuiată

1 cană parmezan mărunțit

1 lb. ardei jalapeño proaspeți mari, tăiați în jumătate pe lungime și fără semințe 1 sticlă (8 oz) de dressing ranch

Directii

1. Setați cuptorul la 425 de grade F înainte de a face orice altceva.

2. Se încălzește o tigaie mare la foc mediu și se gătește carnea de vită până se rumenește complet.

3. Aruncați grăsimea din tigaie.

4. Transferam carnatii intr-un bol cu parmezanul si crema de branza si amestecam bine.

5. Umpleți jumătățile de ardei jalapeño cu amestecul de brânză și aranjați-le pe foi de copt.

6. Gătiți totul la cuptor pentru aproximativ 20 de minute.

Ingrediente
19. Wrap-uri cu bacon la gratar

6 ardei jalapeño proaspeți, tăiați în jumătate pe lungime și fără semințe

1 pachet (8 oz.) cremă de brânză

12 felii de bacon de curcan

Directii

1. Setați grătarul la foc mare și ungeți grătarul.

2. Umpleți jumătățile de ardei jalapeño cu crema de brânză și înveliți-le cu felii de bacon.

3. Fierbeți ardeii pe grătar până când baconul devine crocant.

Ingrediente
20.Jalapeño Spread

- 2 pachete (8 oz.) cremă de brânză, înmuiată
- 1 cană maioneză
- 1 cutie (4 oz.) de ardei iute verde tocat, scurs
- 2 oz. ardei jalapeño tăiați cubulețe din conserva, scurți
- 1 cană parmezan ras

Directii

1. Într-un castron mare, sigur pentru microunde, adăugați maioneza și crema de brânză și amestecați bine.
2. Amestecați ardeiul jalapeño și ardeiul verde și acoperiți cu parmezan.
3. Puneți la microunde la foc mare timp de aproximativ 3 minute.

Ingrediente
21.Jalapeño și gem de fructe de pădure

- 4 căni de căpșuni zdrobite
- 1 cană de ardei jalapeño tocați
- 1/4 cană suc de lămâie
- 1 pachet (2 oz.) pectină de fructe pudră
- 7 căni de zahăr alb
- Borcane de conserve de 8 jumătate de halbă cu capace și inele, sterilizate

Directii

1. Într-o tigaie mare, amestecați ardeii jalapeño, căpșunile zdrobite, pectina și sucul de lămâie la foc mare și aduceți la fierbere.
2. Adăugați zahărul și amestecați până se dizolvă complet.
3. Aduceți din nou totul la fiert și gătiți aproximativ 1 minut.
4. Transferați dulceața în borcane sterilizate fierbinți, lăsând un spațiu de aproximativ 1/4 inch de sus.
5. Scoateți bulele din dulceață trecând un cuțit în borcane.
6. Sigilați borcanele și procesați în baie de apă fierbinte.

Ingrediente

Ciuperci și jalapeños

2 felii spray de gatit cu

bacon de curcan

1 1/2 linguriță ulei de măsline

8 ciuperci, tulpinile îndepărtate și tocate și capacele rezervate

1 catel de usturoi, tocat

1 ardei jalapeño, coaste și semințele îndepărtate, fin

1 pachet (3 oz.) cremă de brânză, înmuiată

3 linguri de brânză Cheddar mărunțită sare de mare după gust

piper negru măcinat după gust

Directii

1. Setați cuptorul la 350 de grade F înainte de a face orice altceva și ungeți ușor o tavă de copt.

2. Se încălzește o tigaie mare la foc mediu-mare și se gătește baconul timp de aproximativ 10 minute.

3. Transferă slănina pe farfurii căptușite cu prosoape de hârtie pentru a se scurge, apoi sfărâmă-le.

4. Între timp, într-o altă tigaie, se încălzește uleiul la foc mediu și se călesc tulpinile de ciuperci, ardeii jalapeño și usturoiul timp de aproximativ 10 minute.

5. Într-un castron mare, adăugați slănină, amestecul de ciuperci, brânza cheddar, cremă de brânză, sare și piper negru și amestecați bine.

6. Umpleți capacele de ciuperci cu amestecul de bacon și aranjați într-un singur strat într-un vas de copt pregătit.

7. Gătiți totul la cuptor pentru aproximativ 15-20 de minute.

Ingrediente

22. Monterey Enchiladas

Ingrediente

3 jumătăți de piept de pui fără piele și dezosat

1 lingurita de piper cayenne 1/2 lingurita de usturoi praf

sare si piper negru macinat dupa gust 2 linguri de unt

1 ceapa mare, tocata

2 ardei jalapeño, fără semințe și tocați

1 pachet (8 oz.) cremă de brânză

1/2 lingurita piper cayenne

1 lingură pudră de usturoi

1/2 lingurita boia

1/2 lingurita praf de chili

1/2 lingurita de chimen macinat

1 cutie (28 oz.) de sos enchilada verde

7 Tortilla de făină

8 oz. brânză Monterey Jack măruntită, împărțită

Directii

1. Setați cuptorul la 350 de grade F înainte de a face orice altceva.

2. Presărați pieptul de pui cu 1 linguriță de ardei cayenne, 1/2 linguriță de praf de usturoi, sare și piper negru și aranjați într-o tavă de copt.

3. Gătiți totul la cuptor pentru aproximativ 45 de minute.

4. Scoateți totul din cuptor și lăsați-l deoparte să se răcească complet, apoi cu 2 furculițe, mărunțiți puiul.

5. Într-o tigaie mare, topiți untul la foc mediu și căliți ardeii jalapeño și ceapa timp de aproximativ 5 minute.

6. Adăugați crema de brânză și gătiți până se topește brânza.

7. Adăugați puiul fiert și ardeiul cayenne rămas, pudra de usturoi, pudra de ardei iute, boia de ardei și chimenul și luați totul de pe foc.

8. În fundul unui vas de 13x9 inci, întindeți jumătate din sosul verde de enchilada.

9. Aranjați tortilla pe o suprafață netedă.

10. Puneți amestecul de pui în centrul fiecărei tortille și acoperiți cu jumătate din brânză Monterey Jack.

11. Rulați tortilla și aranjați-le peste sos într-o tavă de copt.

12. Acoperiți totul cu sosul rămas și cu brânză Monterey Jack rămasă.

13. Gătiți totul la cuptor pentru aproximativ 30-35 de minute.

23.Sandwich Jalapeño

Ingrediente

- 2 oz. crema de branza, moale
- 1 lingura smantana
- 10 felii de ardei jalapeño murat, sau după gust - tocate
- 2 rulouri de sandvici ciabatta
- 4 lingurite de unt
- 8 chipsuri tortilla, zdrobite

Directii

1. Într-un castron, amestecați jalapeños murați, smântâna și cremă de brânză și lăsați deoparte.

2. Se încălzește o tigaie mare la foc mediu.

3. Tăiați fiecare rulou de ciabatta în jumătate pe orizontală, apoi tăiați vârfurile rotunjite de pe rulouri pentru a forma o jumătate de sus plată.

4. Puneți aproximativ 1 linguriță de unt peste partea tăiată a chiflei de jos și a chiflei de sus turtite uniform.

5.Puneți jumătate din amestecul de cremă de brânză, chipsurile zdrobite și brânza mărunțită pe partea neunsă a chiflei de jos.

6.Aranjați jumătatea superioară a chiflei deasupra pentru a face un sandviș.

7.Repetați cu sandvișul rămas.

8.Gătiți sandvișurile într-o tigaie fierbinte timp de aproximativ 3-5 minute.

9. Întoarceți fiecare cu atenție și gătiți până se topește brânza.

24. Aluat de foietaj Jalapeño

Ingrediente

12 mini coji de tartă filo

4 uncii. crema de branza, moale

1/2 cană brânză Cheddar mărunțită

2 ardei jalapeño, fără semințe și tocați

1 lingură sos de ardei iute bucăți de

bacon de soia

Directii

1. Setați cuptorul la 400 de grade F înainte de a face orice altceva și aranjați ceștile de filo pe o foaie de copt.

2. Într-un castron, amestecați ardeii jalapeño, brânza Cheddar, cremă de brânză și sosul iute.

3. Împărțiți amestecul în cupele de filo și acoperiți cu bucățile de bacon.

4. Gătiți totul la cuptor pentru aproximativ 15-20 de minute.

25.Pâine picant Jalapeno

Ingrediente

2/3 cani de margarina, inmuiata

2/3 căni de zahăr alb

2 căni de mălai

1 1/3 cană făină universală

4 1/2 linguriță praf de copt

1 lingurita sare

3 ouă mari

1 2/3 Cani de lapte

1 cană de ardei jalapeño proaspeți tocați

Directii

1. Setați cuptorul la 400 de grade F înainte de a face orice altceva și ungeți ușor o tavă de copt de 13 x 9 inci.

2. Într-un castron mare, adăugați zahărul și margarina și bateți până se omogenizează.

3. Într-un al doilea castron, amestecați făina, mălaiul, praful de copt și sarea.

4. Într-un al treilea bol, adăugați laptele și ouăle și bateți bine.

5. Adăugați aproximativ 1/3 din amestecul de făină și ouă în amestecul de zahăr și bateți până se combină bine.

6. Repetați cu amestecurile rămase și adăugați ardeii jalapeño.

7. Transferați uniform amestecul în vasul de copt pregătit și gătiți totul la cuptor pentru aproximativ 22-26 de minute.

26. Supa Jalapeño

Ingrediente

- 6 căni supă de pui
- 2 cani de telina tocata
- 2 cesti de ceapa tocata
- 1 lingurita sare de usturoi
- 2 lb. brânză Cheddar cuburi
- 1 cană de ardei iute jalapeño tăiat cubulețe

Directii

1. Într-o tigaie mare, amestecați împreună ceapa, țelina, sarea de usturoi și bulionul la foc mare și gătiți aproximativ 10 minute.
2. Luați totul de pe foc și transferati totul într-un blender cu brânza și pulsați până se omogenizează.
3. Puneți amestecul de supă în tigaie la foc mediu.
4. Se amestecă ardeiul jalapeño și se fierbe până se încălzește complet.

27. Jalapeño Chili Texas Style

Ingrediente

2 pachete (12 oz.) Cârnați de pui picant Jalapeño

2 linguri ulei de masline

1/2 cană ceapă tocată

1 ardei verde, tocat

1 ardei rosu, tocat

1 ardei galben, tocat 1/2 ardei jalapeño, tocat

3 catei de usturoi

2 (15 oz.) conserve boabe de soia neagră

3 Lingură de pudră de chili

1 lingurita chimen macinat

1 linguriță de oregano uscat

2 foi de dafin

1/4 cană smântână

Directii

1.Într-o tigaie mare, încălziți uleiul și prăjiți cârnații, ardeii grasi, ardeiul jalapeño, ceapa și usturoiul timp de aproximativ 4-5 minute.

2.Adăugați ingredientele rămase și reduceți focul la mic.

3.Se fierbe totul timp de aproximativ 20 de minute.

4.Serveste cu un topping de smantana.

28. Cina Caraibe-Mexicană

Ingrediente

1 lingurita ulei de cocos

1 1/2 cană orez basmati - se gătește în 10 minute

2 (13,5 oz.) conserve lapte de cocos ușor 2 lime,
   sare cu coajă și suc, după gust

Porumb prăjit, jalapeños și pui:

4 tortilla de porumb, tăiate fiecare în fâșii de 1/4 inch spray de gătit antiaderent

2 ardei iute jalapeño

1 conserve (15,25 oz) de porumb sâmbure întreg, bine scurs

1 lingură ulei de canola, împărțit

8 oz. piept de pui fără piele, dezosat, tăiat în bucăți mici

2 linguri praf de chili

1 lingura de chimion macinat

1 cana fasole neagra conservata, scursa

1 cana rosii proaspete tocate

1 avocado - decojit, fără sâmburi și tăiat cubulețe

4 linguri smantana

Directii

1. Setați cuptorul la 400 de grade F înainte de a face orice altceva și ungeți ușor o tavă de copt.

2. Într-o tigaie mare, încălziți uleiul la foc mediu și prăjiți orezul timp de aproximativ 1 minut.

3. Se amestecă laptele de cocos, apoi se mărește focul și se aduce totul la fiert.

4. Reduceți focul la mic și fierbeți, acoperit timp de aproximativ 35 de minute.

5. Se ia totul de pe foc si se tine deoparte, acoperit aproximativ 10 minute.

6. Cu o furculiță pufează orezul și amestecă coaja de lămâie, sare și zeama de lămâie.

7. Acoperiți tigaia pentru a o menține caldă.

8. Aranjați fâșiile de tortilla pe foaia de copt pregătită și gătiți totul la cuptor pentru aproximativ 30 de minute.

9. Cu clește, țineți ardeiul jalapeño și puneți-i peste arzătorul aragazului timp de aproximativ 3 minute, în timp ce întoarceți ardeiul continuu.

10. Imediat, transferați ardeii într-o pungă de plastic și sigilați-l ermetic, apoi țineți-l deoparte aproximativ 5-10 minute.

11. Îndepărtați tulpinile, pielea și semințele, apoi tăiați-le.

12. Ungeți o tigaie antiaderentă cu spray de gătit și încălziți la foc mediu-mare.

13. Adăugați porumbul și gătiți aproximativ 1-3 minute.

14. Transferă porumbul într-un castron.

15. În aceeași tigaie, se încălzește uleiul la foc mediu-mare și se prăjește puiul, chimenul și praful de chili timp de aproximativ 2-3 minute.

16. Adăugați porumbul și fasolea și gătiți aproximativ 5 minute.

17. Împărțiți orezul în boluri de servire și acoperiți cu amestecul de pui și roșii.

18. Serviți cu un topping de smântână alături de fâșii de tortilla.

29. Texas Jalapeño Chutney

Ingrediente

5 piersici, coapte

2 jalapeños, tulpinile îndepărtate, tăiate cubulețe

1 lingura de ghimbir, taiat marunt

1 lingura zahar

1 lingurita de scortisoara macinata

2 lingurita suc de lamaie

Directii

1. Curățați piersicile de coajă, apoi scoateți sâmburele și tăiați 3 dintre ele într-un castron.

2. Într-un blender, adăugați piersicile rămase și pulsați până se formează un piure.

3. Într-o tigaie, amestecați piureul de piersici, ghimbirul, jalapeños, zahărul, sucul de lămâie și scorțișoara la foc mediu.

4. Se fierbe, amestecând din când în când, timp de aproximativ 5-6 minute.

5.Adăugați piersicile tocate și fierbeți totul, amestecând ocazional aproximativ 3 minute sau până la grosimea dorită a chutney-ului.

6.Se ia totul de pe foc si se lasa sa se raceasca inainte de servire.

30. Chili Jalapeño maghiar

Ingrediente

- 2 linguri ulei de masline
- 2 catei de usturoi tocati
- 1 ceapa mare, tocata grosier
- 1 ardei gras rosu, tocat grosier
- 2 ardei jalapeño, fără semințe și feliați
- 1 conserve (15 oz.) de sos de roșii

- 1 cutie (28 oz) de roșii zdrobite
- 3/4 cani de sirop de artar
- 1 conserve (40 oz) de fasole, scursă
- 1 lingură piper negru măcinat grosier
- 2 linguri praf de chili
- 4 lb. mandrină de vită măcinată
- Sarat la gust

Directii

1. Într-o tigaie mare, se încinge uleiul la foc mediu ardeiul gras și ceapa și se călesc aproximativ 5-6 minute.
2. Adăugați usturoiul și jalapeño și prăjiți timp de aproximativ 1 minut.
3. Adăugați fasolea, roșiile, sosul de roșii, siropul de arțar, ardeiul iute și piper negru și aduceți la fierbere.
4. Reduceți căldura la minim.
5. Între timp, încălziți o tigaie mare antiaderență la foc mediu-înalt și gătiți carnea de vită cu sare timp de aproximativ 8-10 minute.

6. Aruncați excesul de grăsime și transferați carnea de vită în tigaie cu amestec de fasole.

7. Se fierbe, amestecând din când în când, timp de aproximativ 1 oră.

8. Amestecați sarea și continuați să fiarbă încă 5 minute.

31. Supă de năut mediteranean

Ingrediente

- 2 linguri ulei de masline
- 5 catei de usturoi, tocati
- 2 ardei jalapeño, tocați
- 1 lingurita chimen macinat
- 1 lingurita oregano uscat
- 2 conserve de năut (14 oz), scurse și clătite
- 2 conserve (14 oz.) bulion de legume
- 2 căni de apă
- 5 linguri de suc proaspăt de lămâie
- 1/3 cană coriandru proaspăt, tocat
- sare si piper

Directii

1. Într-o tigaie mare de supă, încălziți uleiul la foc mediu și căliți jalapeños și usturoiul până se rumenesc.

2. Se amestecă oregano și semințele de chimen și se prăjesc câteva minute.

3. Se amestecă năutul, apa și bulionul și se fierbe totul timp de aproximativ 20 de minute.

4. Amestecați condimentele, coriandorul și sucul de lămâie și fierbeți totul timp de aproximativ 5 minute.

32. Sos tradițional mexican

Ingrediente

2 conserve de roșii (16 oz).

2 linguri ulei

1 cană ceapă, tocată mărunt

1 ardei jalapeño mic, tocat

2 catei de usturoi, tocati

2 linguri bulion

1 lingurita oregano uscat

1 linguriță pudră de chile ancho uscat

1/2 lingurita chimen

1/2 lingurita busuioc uscat

Directii

1.Scurgeți roșiile, rezervând lichidul, apoi tocați roșiile.

2.Într-o tigaie, încălziți uleiul la foc mediu și căliți ceapa, usturoiul și jalapeño timp de aproximativ 5 minute.

3.Adăugați roșiile, lichidul rezervat și restul Ingrediente și fierbe totul aproximativ 20-30 de minute, amestecând din când în când.

4. Cu un blender de imersie, pasează amestecul complet.

33.Supa de linte

Ingrediente

- 1 lb fasole neagră uscată
- 1 1/2 litri de apă
- 1 morcov, tocat
- 1 tulpină de țelină, tocată
- 1 ceapa rosie mare, tocata
- 6 catei de usturoi, macinati
- 2 ardei gras verzi, tocati
- 2 ardei jalapeño, fără semințe și tocați 1/4 cană linte uscată
- 1 cutie de roșii decojite și tăiate cubulețe
- 2 linguri praf de chili
- 2 lingurite chimen macinat
- 1/2 lingurita oregano uscat
- 1/2 lingurita piper negru macinat 3 linguri otet de vin rosu 1 lingura sare
- 1/2 cană de orez alb nefiert

Directii

1. Scufundați fasolea în apă de aproximativ 3 ori dimensiunea lor.

2. Apoi pune totul la fiert timp de 12 minute.

3. Acum puneți un capac pe tigaie și opriți focul.

4. Lăsați fasolea să stea timp de 1 oră și jumătate înainte de a îndepărta lichidul și apoi clătiți fasolea.

5. Adăugați fasolea într-un aragaz lent cu 1,5 litri de apă proaspătă și gătiți timp de 3 ore la maxim.

6. Acum, după 3 ore de gătit, adăugați următoarele: roșii, morcovi, linte, țelină, sare, pudră de chili, oțet, chimen, piper negru și oregano, jalapeños, ceapă, ardei gras și usturoi.

7. Cu foc mic, mai gătiți încă 3 ore. Apoi adăugați orezul când au mai rămas aproximativ 25 de minute în timpul de gătire.

8. Luați jumătate din supă și treceți-o în piure într-un blender apoi puneți-o înapoi în oală.

9. Bucurați-vă.

34. Uşor Dahl

Ingrediente

1 ceasca de linte rosie

2 Linguri de rădăcină de ghimbir, tocată

1 linguriță de semințe de muștar

2 Linguri de coriandru proaspăt tocat

4 rosii, tocate

3 cepe, tocate

3 ardei jalapeño, fără semințe și tocați

1 lingura de chimion macinat

1 lingură semințe de coriandru măcinate

6 catei de usturoi, tocati

2 linguri ulei de masline

1 cană apă sare

după gust

Directii

1. Fierbeți lintea la presiune până se înmoaie sau fierbeți-le în apă timp de 22 de minute.

2. Se prăjesc semințele de muștar până când vor prinde, apoi se adaugă ulei, usturoi, ceapă, jalapeños și ghimbir.

3. Continuați să amestecați și să prăjiți până ce ceapa se rumenește.

4. Acum turnați roșiile, chimenul și coriandru.

5. Gatiti rosiile timp de 2 minute si apoi adaugati apa si fierbeti totul timp de 7 minute.

6. Combină lintea fiartă și amestecă totul.

7. La final adăugați cantitatea preferată de sare.

8. Servim cu coriandru. Savurați cu basmati fiert.

35. Wontons de inspirație asiatică

Ingrediente

- 1 pachet (8 oz.) cremă de brânză, înmuiată
- 1 cutie (4 oz.) de ardei jalapeño tăiați cubulețe
- 20 (3,5 inchi pătrați) ambalaje wonton
- 1/2 cană ulei de sos de chili dulce pentru prăjire adâncă

Directii

1. Într-un castron, amestecați ardeii jalapeño și crema de brânză.
2. Puneți aproximativ 1 linguriță de amestec de jalapeño în centrul fiecărui înveliș wonton.
3. Acoperiți marginile ambalajelor cu degetele umede și pliați-le peste umplutură în formă de triunghi.
4. Cu degetele, apăsați marginile pentru a le sigila complet.
5. Într-o tigaie mare, încălziți uleiul la 375 de grade F.
6. Adăugați wonton-urile în loturi și gătiți-le aproximativ 2 minute, răsturnând din când în când.

7. Transferați ambalajele pe o farfurie tapetată cu un prosop de hârtie pentru a se scurge.

8. Serviți alături de sosul dulce de chili.

36. Wontons de prânz din Turcia

Ingrediente

- 3/4 cani suc de lamaie

- 1 cană de afine uscate

- 1 1/2 cană curcan fiert mărunțit

- 1 cană umplutură pregătită

- 4 uncii. cremă de brânză, înmuiată 1/4 cană sos de curcan gros

- 1 pachet (14 oz.) de ambalaje wonton sare după gust
- 3 căni de ulei de canola pentru prăjit
- 2 linguri ceapa tocata
- 1 lingura suc de lamaie
- 1 linguriță de ardei jalapeño fără semințe și tocat - sau după gust
- 1 lingurita de usturoi tocat
- 1 lingurita apa

Directii

1. Într-un castron, amestecați merișoarele uscate și sucul de lămâie și lăsați deoparte.
2. Într-un castron, amestecați sosul de curcan, curcanul, crema de brânză și umplutura.
3. Puneți aproximativ 1 lingură de amestec de piersici în centrul fiecărui înveliș wonton.
4. Ungeți marginile învelișurilor cu amestecul de albușuri și pliați-le peste umplutură în formă de triunghi.

5. Cu degetele apăsați marginile pentru a le sigila complet și stropiți cu sare.

6. Într-o tigaie mare se încălzește uleiul la foc mediu-mare.

7. Adăugați wontonurile în loturi și gătiți-le aproximativ 2 minute pe ambele părți.

8. Transferați ambalajele pe o farfurie tapetată cu un prosop de hârtie pentru a se scurge.

9. Scurgeți complet merișoarele și puneți-le într-un robot de bucătărie, apoi amestecați până se toacă mărunt.

10. Într-un castron, transferați merișoarele tocate cu restul de ingrediente și amestecați bine.

11. Servește wonton-urile alături de salsa de afine.

37. Wontons Louisville

Ingrediente

- 1/2 cană chili verde conservat
- 1/4 cană de conserve de jalapeño
- 1 lb brânză Monterey Jack, mărunțită
- ambalaj wonton

Sos

- 3 avocado, piure
- 2 linguri suc de lamaie
- 1 lingurita sare de condimente, amestecati
- 1 lingurita coriandru macinat
- 1/2 cană maioneză
- 3 cepe verde, tocate

Directii

1. Într-un blender, adăugați brânză Monterey Jack, jalapeño și chili verde și pulsați până se omogenizează.

2. Puneți aproximativ 2 linguri de amestec de brânză pe un colț al ambalajului wonton și pliați acel colț peste umplutură.

3. Îndoiți colțurile din dreapta și din stânga și umeziți colțul rămas înainte de a-l plia în jos.

4. Într-o tigaie mare, încălziți uleiul la 350 de grade F.

5. Adăugați wontonurile în loturi și gătiți-le aproximativ 1-2 minute.

6. Transferați ambalajele pe o farfurie tapetată cu un prosop de hârtie pentru a se scurge.

7. Pentru sos, intr-un bol, amestecam toate ingredientele sosului.

8. Serviți wontonul alături de sos.

38.Orez brun mexican ușor

Ingrediente

- 2 căni de orez brun fiert
- 1 cutie (15 oz) de fasole, clătită și scursă
- 1 cutie (15 oz) de fasole neagră, clătită și scursă
- 1 conserve (15,25 oz.) de porumb sâmbure întreg, scurs
- 1 ceapă mică, tăiată cubulețe
- 1 ardei gras verde, taiat cubulete
- 2 ardei jalapeño, fără semințe și tăiați cubulețe
- 1 lime verde, cu coaja si zeama
- 1/4 cană frunze de coriandru tocate
- 1 lingurita de usturoi tocat
- 1 1/2 linguriță de chimen măcinat
- Sarat la gust

Directii

1. Obțineți un castron, combinați: chimen, orez, usturoi, fasole, coriandru, porumb, suc și coajă de lămâie, ceapă, jalapeños și ardei verzi.

2. Adăugați cantitatea preferată de piper și sare și puneți conținutul la frigider pentru 60 de minute, apoi amestecați totul și serviți.

3. Bucurați-vă.

39. Supă asiatică de pui

Ingrediente

- 3 litri bulion de pui
- 2 tulpini de lemongrass proaspăt (fiecare de 12 până la 18 inci lungime)
- 12 felii de ghimbir proaspăt (subțire, de mărimea unui sfert)
- 6 ardei iute jalapeño proaspete
- 1 1/4 lb de varză
- 8 oz. ciuperci
- 2 morcovi
- 2 lbs de piept de pui dezosat și fără piele
- 4 catei de usturoi, curatati si tocati
- 1 (14 1/2 oz.) conserve de roșii tăiate cubulețe
- 1/2 cană suc de lămâie
- 2 linguri sos de peste asiatic
- 1/3 cană ceapă verde tăiată subțire
- 5 căni de orez fierbinte
- 2 lămâi, tăiate felii

- 1 1/2 cană coriandru proaspăt tocat

Directii

1. Într-o tigaie mare, aduceți bulionul la fiert la foc mare.
2. Tăiați tulpinile de iarbă de lămâie, apoi aruncați straturile exterioare, tăiați fiecare tulpină în lungimi de 3 inci.
3. Zdrobiți ușor bucățile de ghimbir și lemongrass.
4. Tăiați 2 jalapeños în jumătate și tăiați mărunt restul.
5. Într-o tigaie cu bulion clocotit, adaugă iarbă de lămâie, ghimbir și jalapeños tăiate în jumătate și reduce focul.
6. Se fierbe, acoperit aproximativ 20-30 de minute.
7. Între timp, mărunțiți varza și tăiați ciupercile în felii groase de 1/4 inch, aruncând capetele tulpinii și părțile decolorate.
8. Curățați morcovii și tăiați-i felii de 1/4 inch grosime.
9. Tăiați puiul în felii groase de 1/4 inch, lungi de 1 1/2-2 inci.
10. In bulion adaugam: morcovii, ciupercile, varza si usturoiul si dam la fiert la foc mare.
11. Reduceți focul și fierbeți, acoperit, aproximativ 8-10 minute.

12. Adăugați roșiile cu lichid și pui și măriți focul la mare.

13. Gatiti, acoperit aproximativ 3-5 minute.

14. Se amestecă sosul de pește și sucul de lămâie și se adaugă ceapa verde.

15. Serviți alături de orez, felii de lămâie, coriandru și ardei iute tocat.

40.Sos curry cambodgian

Ingrediente

1/3 cană lemongrass

4 catei de usturoi

1 lingurita galangal, uscata

1 lingurita turmeric macinat

1 chili jalapeño, cu tulpină și semințe

3 eșalote

3 1/2 cană lapte de cocos

3 frunze de tei kaffir

1 praf sare

Directii

1. Într-un robot de bucătărie, adăugați iarba de lămâie, eșalota, galanga, usturoiul și jalapeño și pulsați până se formează un piure.

2. Într-o tigaie, adăugați laptele de cocos și aduceți la fierbere, apoi amestecați amestecul de piure.

3.Adăugați sarea și frunzele de tei și fierbeți, amestecând continuu, aproximativ 5 minute.

4.Reduceți focul la mic și fierbeți timp de aproximativ 30 de minute, amestecând din când în când.

5.Aruncați frunzele de tei.

6. Pentru 1 porție, adăugați 1/2 cană din acest sos de curry într-o tigaie puțin adâncă.

7.Adăugați 1/2 cană de carne sau legume și aduceți la fierbere medie și gătiți până la punctul dorit.

41.Chili alb

Ingrediente

- 1 lingura ulei vegetal
- 1 ceapă, tăiată cubulețe
- 3 catei de usturoi, macinati
- 1 cutie (4 oz.) de ardei jalapeño tăiați cubulețe
- 1 cutie (4 oz.) de ardei iute verzi tăiați cubulețe
- 2 lingurite chimen macinat
- 1 lingurita oregano uscat
- 1 lingurita de piper cayenne macinat
- 2 conserve (14,5 oz.) bulion de pui
- 3 cesti piept de pui fiert taiat cubulete
- 3 (15 oz.) conserve de fasole albă
- 1 cană de brânză Monterey Jack măruntită

Directii

1. Se prăjește ceapa până se înmoaie, în ulei, apoi se adaugă cayenne, usturoi, oregano, jalapeños, chimen și ardei iute.

2. Gătiți acest amestec încă 4 minute, apoi turnați fasolea, puiul și bulionul.

3. Se pune totul la fiert, apoi se lasă focul la mic și se fierbe conținutul timp de 17 minute.

4. Se amestecă chili la fiecare 4 minute.

5. Închideți focul și adăugați brânza.

6. Odată ce brânza s-a topit, chili-ul tău este gata de servire.

42.Jalapeño Gazpacho

Ingrediente

- 2 căni de dovlecel mărunțit
- 1 ceapă, tăiată cubulețe grosiere
- 1 avocado - curățat, fără sâmburi și tăiat cubulețe grosiere
- 1/2 cană de fasole garbanzo conservată, scursă
- 1/4 cană oțet de mere
- 1 ardei jalapeño, fără semințe și tocat
- 2 lingurite suc de lamaie (optional)
- 1 cățel de usturoi, zdrobit
- 1/4 lingurita de sare sau mai mult dupa gust
- 1/4 lingurita piper negru macinat sau mai mult dupa gust

Directii

1. Luați un castron, combinați: piper, dovlecel, usturoi, sare, ceapă, suc de lămâie, avocado, jalapeño, garbanzos și oțet de cidru.

2. Amestecați amestecul pentru a distribui uniform conținutul și puneți o acoperire de plastic în jurul vasului.

3. Pune totul la frigider pentru 2 ore.

4. Bucurați-vă.

43. Salsa de avocado

Ingrediente

- 1 mango, decojit, fără sămânță și tăiat cubulețe
- 1 avocado, decojit, fără sâmburi și tăiat cubulețe
- 4 roșii medii, tăiate cubulețe
- 1 ardei jalapeño, fără semințe și tăiat cubulețe 1/2 cană coriandru proaspăt tocat
- 3 catei de usturoi, taiati cubulete
- 1 lingurita sare

- 2 linguri suc proaspăt de lămâie
- 1/4 cana ceapa rosie tocata
- 3 linguri ulei de masline

Directii

1. Luați un castron, amestecați: usturoi, mango, coriandru, avocado și roșii.

2. Amestecați amestecul, apoi adăugați uleiul de măsline, sare, ceapa roșie și sucul de lămâie.

3. Amestecați salsa pentru a distribui uniform lichidele. Apoi puneți o acoperire de plastic pe vas și puneți totul la frigider pentru 40 de minute.

4. Bucurați-vă.

44. New World Ceviche

Ingrediente

- 1 pachet (16 oz.) de creveți medii gătiți, decojiți și devenați
- 2 pachete (8 oz.) imitație de carne de crab, tăiată în bucăți de 1 inch
- 5 roșii, tăiate cubulețe
- 3 avocado, decojite și tăiate cubulețe
- 1 castravete englezesc, decojit și tăiat în bucăți mici
- 1 ceapa rosie, taiata cubulete
- 1 legătură de coriandru, tocat, sau mai multe după gust
- 4 lime, suc
- 2 ardei jalapeño, fără semințe și tăiați mărunt
- 2 catei de usturoi, presati
- 1 sticlă (64 oz.) de suc de roșii și scoici sare și piper negru măcinat după gust

Directii

1. Obțineți un castron, combinați: usturoi, crab, jalapeño, roșii, suc de lămâie, avocado, creveți, coriandru, castraveți și ceapă roșie.

2. Amestecați amestecul, apoi adăugați cocktailul cu suc de scoici.

3. Amestecați din nou amestecul, apoi puneți o acoperire de plastic pe vas și puneți totul la frigider pentru 8 ore.

4. Bucurați-vă.

45. Popsicles mexicani picante

Ingrediente

- 3 căni de castraveți
- 2/3 căni de zahăr
- 1/3 cană suc de lămâie
- 1 chile jalapeño, fără semințele

Directii

1. Adăugați următoarele în bolul unui robot de bucătărie: castraveți, zahăr, lămâie și jalapeño.
2. Pulsați amestecul până când obțineți un piure, apoi treceți totul printr-o strecurătoare.
3. Împărțiți amestecul între forme de gheață și puneți totul în congelator peste noapte.
4. Bucurați-vă.

46.Lasagna spaniolă

Ingrediente

- 4 cesti rosii tocate la conserva
- 1 conserve (7 oz) de ardei iute verzi tăiați cubulețe
- 1 cutie (4 oz) de ardei jalapeño tăiați cubulețe
- 1 ceapă, tăiată cubulețe
- 3 catei de usturoi, tocati
- 10 crengute de coriandru proaspat, tocat
- 2 linguri chimen macinat
- 2 kg de cârnați de vită picant sau cârnați de curcan italian
- 1 recipient (32 oz) brânză ricotta
- 4 oua, batute usor
- 1 pachet (16 oz) de amestec de patru brânzeturi mărunțite în stil mexican
- 1 pachet (8 oz) de tăiței lasagna fără gătire

Directii

1. Fierbeți următoarele timp de 2 minute, apoi fierbeți la foc mic timp de 55 de minute: coriandru, roșii, chimen, ardei iute verde, usturoi, ceapă și jalapeños.

2. Luați un castron, amestecați: ouă bătute și ricotta.

3. Setați cuptorul la 350 de grade înainte de a continua.

4. Prăjiți cârnații de vită. Apoi îndepărtați excesul de ulei și fărâmițați carnea.

5. În vasul de copt, aplicați o acoperire ușoară de sos, apoi stratificați: cârnați, 1/2 din sos, 1/2 brânză mărunțită, tăiței lasagna, ricotta, mai mulți tăiței, tot sosul rămas și mai multă brânză mărunțită.

6. Ungeți o folie cu spray antiaderent și acoperiți lasagna. Gatiti 30 de minute acoperit si 15 minute fara capac.

7. Bucurați-vă.

47.Fetuccine cremoase de pui

Ingrediente

- 1 lb paste fettuccine uscate
- 2 linguri ulei vegetal
- 1/4 cană ceapă feliată
- 1/2 cană de dovleac galben tocat
- 1/2 cană de dovlecel, tăiat în diagonală în felii groase de 1/2 inch
- 3/4 cani de ciuperci feliate (optional)
- 1 1/4 cană smântână groasă
- 1 ardei jalapeño, fără semințe și tăiat cubulețe
- 1 lingurita usturoi taiat cubulete
- 1 lingură muștar de Dijon
- 1 lingură condiment cajun
- 1/2 cană parmezan ras
- 1/2 cană roșii tăiate cubulețe sare și piper după gust
- 3 linguri ulei vegetal

- 1 lb piept de pui, tăiat în bucăți de 1/2 inch făină pentru dragare

Directii

1. Fierbeți fettuccine timp de 10 minute în apă și sare.

2. Luați o tigaie, încălziți puțin ulei și prăjiți timp de 5 minute: ciuperci, ceapă, dovlecel și dovleac.

3. Combinați cu ceapa smântâna și pastele și fierbeți ușor timp de 5 minute. Acum adăugați condimente cajun, jalapeño, muștar și usturoi. Se fierbe încă 2 minute.

4. Luați o a doua tigaie și gătiți puiul după ce a fost acoperit cu făină în 3 linguri de ulei până când este complet gata.

5. Combinați totul, puiul, legumele și pastele.

6. Bucurați-vă.

48. Salată de varză Chipotle

Ingredient

- 1 cap de varză verde, mărunțită
- 1 ceapa, tocata
- 2 morcovi, mărunțiți
- 2 ardei iute jalapeño, tocați
- 1 ou
- 1 lămâie mică, cu suc
- 1 lingura otet alb
- 1/4 lingurita sare
- 1 cană ulei vegetal
- 2 linguri muștar preparat
- 2 linguri de zahăr alb
- 1 lingura otet de cidru
- 1/2 linguriță de ardei iute chipotle măcinat
- 1/2 lingurita sare de telina

Directii

1. Într-un castron mare, amestecați morcovii, varza, ceapa și ardeii jalapeño.

2. Pentru maioneza, intr-un robot de bucatarie, adauga oul, zeama de lamaie otet alb si sare si pulsa pana se omogenizeaza.

3. În timp ce motorul funcționează încet, adaugă uleiul și pulsul până când este omogen și gros și transferă într-un castron mare.

4. Adăugați toate ingredientele pentru dressing și amestecați până se omogenizează bine.

5. Turnați dressingul peste salată și amestecați până se omogenizează bine.

6. Acoperiți și lăsați la frigider pentru cel puțin 2 ore înainte de servire.

49. Jalapeño, Cilantro și Mango Tilapia

Ingrediente

- 1/3 cană ulei de măsline extravirgin
- 1 lingura suc de lamaie
- 1 lingura patrunjel proaspat tocat
- 1 catel de usturoi, tocat
- 1 lingurita busuioc uscat
- 1 lingurita piper negru macinat
- 1/2 lingurita sare
- 2 (6 oz.) file de tilapia
- 1 mango mare copt, decojit, fără sâmburi și tăiat cubulețe 1/2 ardei gras roșu, tăiat cubulețe
- 2 linguri ceapa rosie tocata
- 1 lingură coriandru proaspăt tăiat cubulețe
- 1 ardei jalapeño, fără semințe și tocat
- 2 linguri suc de lamaie
- 1 lingura suc de lamaie
- sare si piper dupa gust

Directii

1. Luați un castron, combinați: jumătate de linguriță de sare, ulei de măsline, 1 linguriță de piper, 1 lingură de suc de lămâie, busuioc, usturoi și pătrunjel.

2. Acoperiți bucățile de pește amestecându-le și în bol.

3. Pune un capac pe bol și pune totul la frigider pentru 60 de minute.

4. Obțineți un al doilea castron, combinați: 1 lingură suc de lămâie, mango, piper, suc de lămâie, ardei gras, sare, jalapeños, coriandru și ceapă roșie.

5. Puneți și pe acest amestec o acoperire și puneți-l la frigider.

6. Încingeți un grătar și ungeți-i grătarul cu ulei.

7. Prăjiți bucățile de pește timp de 5 minute pe fiecare parte și apoi garniți-le cu amestecul de mango la servire.

50.Creveți În Thailanda

Ingrediente

- 4 catei de usturoi, curatati de coaja
- 1 (1 inch) bucată de rădăcină de ghimbir proaspăt
- 1 ardei jalapeño proaspăt, fără semințe
- 1/2 lingurita sare
- 1/2 linguriță turmeric măcinat
- 2 linguri ulei vegetal
- 1 ceapă medie, tăiată cubulețe
- 1 kg de creveți medii - curățați și devenați
- 2 roșii, fără semințe și tăiate cubulețe
- 1 cană lapte de cocos
- 3 linguri frunze proaspete de busuioc tocate

Directii

1. Amestecați amestecul de usturoi, turmeric, ghimbir și jalapeño într-un blender până când se obține netezimea necesară.

2. Gatiti ceapa in ulei incins cateva minute inainte de a adauga pasta de condimente si de a gati inca cateva minute.

3. Gătiți creveții câteva minute în ea înainte de a adăuga roșii și lapte de cocos și gătiți timp de cinci minute acoperit cu capac.

4. Acum mai fierbeți încă cinci minute fără capac pentru a obține sosul gros.

5. Adăugați și niște busuioc proaspăt în ultimul moment.

6. Servi.

51. Jerk Pui

Ingrediente

1/2 ceapa verde, tocata

1/4 cană suc de portocale

1 lingura radacina de ghimbir proaspat tocata

1 lingură de ardei jalapeño tocați

1 lingura suc de lamaie

1 lingura sos de soia

1 catel de usturoi, tocat

1 linguriță de ienibahar măcinat

1/4 lingurita de scortisoara macinata

1/2 lingurita cuisoare macinate

1 (2 până la 3 lb) pui întreg, tăiat în bucăți

Directii

1.Pentru marinadă, amestecați uniform următoarele: cuișoare, ceapă, scorțișoară, suc de portocale, ienibahar, ghimbir, usturoi, piper, sos de soia și suc de lămâie.

2. Acoperiți-vă puiul cu marinada. Puneți capacul recipientului. Pune totul la frigider pentru 7-8 ore.

3. Pune un grătar fierbinte. Puiul la grătar până când este complet, timpul depinde de nivelul de căldură. 7-8 minute pe fiecare parte. Fierbeți marinada suplimentară timp de 5 minute și folosiți-o ca acoperire sau aruncați-o.

4. Bucurați-vă.

52.Salata jamaicana

Ingrediente

- 2 jumătăți de piept de pui fără piele și dezosat
- 1/2 cană sos de marinadă teriyaki
- 2 roșii, fără semințe și tăiate cubulețe
- 1/2 cană ceapă tăiată cubulețe
- 2 lingurite de ardei jalapeño tocat
- 2 lingurițe de coriandru proaspăt tăiat cubulețe
- 1/4 cană muștar de Dijon
- 1/4 cană miere
- 1 1/2 linguri de zahăr alb
- 1 lingura ulei vegetal
- 1 1/2 linguri otet de cidru
- 1 1/2 linguriță suc de lămâie
- 3/4 lb de verdeață de salată mixtă
- 1 cutie (8 oz.) bucăți de ananas, scurse
- 4 cesti chipsuri tortilla de porumb

Directii

1. Luați un castron, combinați: teriyaki și pui.

2. Pune un capac pe bol și pune totul la frigider pentru 3 ore.

3. Obțineți un al doilea castron, combinați: coriandru, roșii, jalapeños și ceapă.

4. Puneți un capac și pe acest bol și puneți la rece conținutul și la frigider.

5. Luați un al treilea castron, amestecați: suc de lămâie, muștar, oțet, miere, ulei și zahăr.

6. Obțineți amestecul frumos și neted, apoi puneți un capac pe bol și puneți-l și la frigider.

7. Acum încingeți grătarul și ungeți grătarul. Gatiti puiul timp de 9 minute pe fiecare parte.

8. Puneți verdețurile pe o farfurie de servire, apoi acoperiți-le cu o parte din conținutul celui de-al doilea castron, apoi adăugați niște ananas și chipsuri de tortilla zdrobite.

9. Adăugați cantitatea preferată de pui la grătar, apoi acoperiți totul generos cu sosul dulce din al treilea castron. Bucurați-vă.

53.Pui de cocos

Ingrediente

- 1 lingurita chimen macinat

- 1 lingurita de piper cayenne macinat

- 1 lingurita turmeric macinat

- 1 lingurita coriandru macinat

- 4 jumătăți de piept de pui fără piele și dezosat sare și piper după gust

- 2 linguri ulei de masline

- 1 ceapă, tăiată cubulețe
- 1 lingura de ghimbir proaspat tocat
- 2 ardei jalapeño, fără semințe și tăiați cubulețe
- 2 catei de usturoi, tocati
- 3 roșii, fără semințe și tăiate cubulețe
- 1 (14 oz.) cutie de lapte de cocos
- 1 legatura patrunjel proaspat taiat cubulete

Directii

1. Obțineți un castron, combinați: coriandru, chimen, turmeric și cayenne.
2. Acum adăugați puiul și puțin piper și sare.
3. Amestecați conținutul pentru a acoperi uniform bucățile de pui.
4. Acum începeți să prăjiți puiul în 1 lingură de ulei de măsline până când este complet, timp de 16 minute. Așezați puiul în lateral.
5. Adăugați restul de ulei și începeți să prăjiți următoarele timp de 7 minute: usturoi, ceapă, jalapeños și ghimbir.

6. Adăugați roșiile și gătiți amestecul timp de încă 10 minute înainte de a turna laptele de cocos.

7. Acoperiți puiul cu amestecul de roșii și nucă de cocos și apoi puțin pătrunjel.

8. Bucurați-vă.

54. Cuscus Mayan

Ingrediente

- 1 cană de cuscuș

- 1/2 lingurita de chimen macinat

- 1 lingurita sare, sau dupa gust

- 1 1/4 cani de apa clocotita

- 1 cățel de usturoi necurățat

- 1 cutie (15 oz) de fasole neagră, clătită și scursă

- 1 cană de porumb din sâmburi întregi la conserva, scurs

- 1/2 cana ceapa rosie tocata marunt

- 1/4 cană coriandru proaspăt tocat

- 1 ardei jalapeño, tocat

- 3 linguri ulei de masline

- 3 linguri de suc proaspat de lamaie, sau dupa gust

Directii

1. Adăugați apă clocotită într-un amestec de sare și cușcuș într-un castron mare și acoperiți-l cu folie de plastic înainte de a lăsa să stea aproximativ zece minute.

2. În acest timp, gătiți usturoiul necurățat în ulei încins la foc mediu până devine maro auriu.

3. Acum zdrobiți acest usturoi și adăugați-l în cușcuș împreună cu fasole neagră, ceapă, coriandru, porumb, ardei jalapeño, ulei de măsline și suc de lămâie.

4. Servi.

55.Fajitas de friptură

Ingrediente

Tacos:

- 1 lingura ulei vegetal
- 1 pachet (1 oz.) amestec de condimente pentru taco
- 1 (1 1/4 de liră) friptură de flanc, curățată din excesul de grăsime
- 8 (6 inchi) tortilla de făină pentru tacos moi și fajitas

Salsa de mango:

- 2 mango medii coapte, îndepărtate de semințe, decojite și tăiate cubulețe
- Suc de 1 lime medie
- 1 chili jalapeño, fără semințe, tocat
- 1/4 cana ceapa rosie tocata
- 1/4 cană frunze de coriandru proaspăt tocate

Directii

1. Preîncălziți cuptorul la 400 de grade F înainte de a face orice altceva.

2. Gătiți friptura de flanc după ce ați pus condimentul pentru taco și amestecați peste ea la foc mare până se rumenește și puneți-o în cuptorul preîncălzit până se înmoaie.

3. Lăsați-l să se răcească aproximativ 10 minute și în acest timp, combinați bine toate ingredientele pentru salsa.

4. Tăiați friptura pregătită în bucăți mici și împăturiți tortilla în trei bucăți cu puțină salsa.

56. Orez roşu mexican

Ingrediente

2 Roma (roșii prune), fără miez

2 linguri ulei vegetal

1 cana ceapa tocata

2 catei de usturoi, tocati

1 cană de orez alb cu bob lung nefiert

1 3/4 cană supă de pui cu conținut scăzut de sodiu 1/4 cană sos de roșii la conserva

1 ardei jalapeño, tocat

Directii

1. Folosind o răzătoare cu cutie și aruncând coaja roșiilor, rade roșiile și pune-le într-un bol de mărime medie.

2. Acum gătiți ceapa și adăugați usturoiul în ulei încins timp de aproximativ 5 minute înainte de usturoi și un minut după adăugarea usturoiului.

3.Acum adăugați orez și gătiți încă 3 minute pentru a obține orezul ușor prăjit.

4. Aduceți totul la fiert după ce adăugați sos de roșii de pui, roșii rase și supă de pui.

5.Presărați piper jalapeño, sare și coriandru înainte de a reduce focul la mic și de a găti încă 15 minute în timp ce țineți capacul pe tigaie.

6.Acum scoateți orezul de pe foc și lăsați-l să stea acoperit în tigaie aproximativ 8 minute înainte de a-l transfera în vasul de servire.

57.Salsa Verde

Ingrediente

2 kilograme de tomate, decojite

2 ardei jalapeño proaspeți

3 catei de usturoi, curatati de coaja

1 liniuță cuișoare

1/2 lingurita de chimen macinat

1 strop de piper negru

1 linguriță granule de bulion de pui sau sare

Directii

1. Gătiți tomate, jalapeños și usturoi într-o tigaie mare după ce le-ați pus în apă.

2. Acum aduceți acest lucru la fiert și gătiți timp de aproximativ 10 minute sau până când culoarea tomatelor devine galbenă după ce reduceți focul la mediu.

3. Lasă-l să se răcească timp de 10 minute și după ce ai scos toată apa din; puneți aceste tomate, împreună cu cuișoare, piper, chimen și bulion de pui în blender.

4. Amestecați până când se obține netezimea necesară.

THAI, SERRANO, CAYENNE CHILES

58. Crêpe cu făină de năut

RENDAMENT: 8

Ingrediente

- 2 cesti (184 g) grame (naut) faina (besan)
- 1½ cani (356 g) de apa
- 1 ceapă mică, curățată și tocată (aproximativ ½ cană [75 g])
- 1 bucată de rădăcină de ghimbir, decojită și rasă sau tocată
- 1-3 ardei iute verzi thailandezi, serrano sau cayenne, tocate
- ¼ cană (7 g) frunze uscate de schinduf (kasoori methi)

- ½ cană (8 g) coriandru proaspăt, tocat
- 1 lingurita sare de mare grunjoasa
- ½ lingurita coriandru macinat
- ½ linguriță pudră de turmeric
- 1 linguriță pudră de chile roșu sau ulei de cayenne, pentru prăjit

Directii

a) Într-un castron adânc, amestecați făina și apa până se omogenizează. Îmi place să încep cu un tel și apoi să folosesc dosul unei linguri pentru a descompune bulgări mici de făină care se formează în mod normal.

b) Lăsați amestecul să stea cel puțin 20 de minute.

c) Adăugați ingredientele rămase, cu excepția uleiului, și amestecați bine.

d) Încinge o grătar la foc mediu-mare.

e) Adăugați ½ linguriță de ulei și întindeți-l peste grătar cu dosul unei linguri sau al unui prosop de hârtie. De asemenea, puteți folosi un spray de gătit pentru a acoperi uniform tigaia.

f) Cu un polonic, turnați ¼ de cană de aluat în centrul tigăii. Cu spatele oală, întindeți aluatul într-o mișcare circulară, în sensul acelor de ceasornic, de la centru spre exteriorul cratiței, pentru a crea o clătită subțire, rotundă, de aproximativ 5 inchi (12,5 cm) în diametru.

g) Gatiti poora pana se rumeneste usor pe o parte, aproximativ 2 minute, apoi intoarceti-l pentru a se gati pe cealalta parte. Apăsați cu spatula pentru a vă asigura că mijlocul este și el fiert.

h) Gătiți aluatul rămas, adăugând ulei după cum este necesar pentru a preveni lipirea.

i) Serviți cu o parte din Chutney-ul meu de mentă sau piersici.

59. Crêpe de grâu

RANDAMENT: 6 CANI

Ingrediente

- 3 căni de smântână de grâu
- 2 cani de iaurt simplu de soia neindulcit
- 3 căni de apă
- 1 lingurita sare de mare grunjoasa
- ½ lingurita piper negru macinat
- ½ linguriță pudră de chile roșu sau cayenne
- ½ ceapă galbenă sau roșie, curățată și tăiată mărunt
- 1-2 ardei iute verzi thailandezi, serrano sau cayenne, tocate
- Uleiul, pentru prăjit în tigaie, se pune deoparte într-un castron mic
- ½ ceapă mare, curățată și tăiată la jumătate (pentru pregătirea tigaii)

Directii

a) Într-un castron adânc, amestecați smântâna de grâu, iaurt, apă, sare, piper negru și pudra de ardei iute și lăsați-o deoparte timp de 30 de minute pentru a fermenta ușor.

b) Adăugați ceapa tăiată cubulețe și ardei iute. Se amestecă ușor.

c) Încinge o grătar la foc mediu-mare. Pune 1 lingurita de ulei in tigaie.

d) Odată ce tigaia este fierbinte, lipiți o furculiță în partea netăiată, rotunjită a cepei. Ținând mânerul furcii, frecați jumătatea tăiată de ceapă înainte și înapoi peste tigaie. Combinația dintre căldură, sucul de ceapă și uleiul ajută la prevenirea lipirii dozei. Țineți ceapa cu furculița introdusă la îndemână pentru a o utiliza din nou între doze. Când se înnegrește din tigaie, tăiați-l subțire pe față.

e) Păstrați un castron mic de ulei pe o parte cu o lingură - îl veți folosi mai târziu.

f) Acum, în sfârșit, la gătit! Puneți puțin mai mult de $\frac{1}{4}$ de cană de aluat în mijlocul tigaii fierbinți pregătite. Cu partea din spate a oalei, faceți încet mișcări în sensul acelor de ceasornic de la mijloc până la marginea exterioară a cratiței până când aluatul devine subțire și asemănător crêpei. Dacă amestecul începe imediat să bule, doar reduceți ușor căldura.

g) Cu o lingură mică, turnați un jet subțire de ulei într-un cerc în jurul aluatului.

h) Lăsați dosa să se gătească până când se rumenește ușor și se desprinde din tigaie. Întoarceți și gătiți cealaltă parte.

60. Masala Tofu Scramble

RANDAMENT: 2 CANI

Ingrediente

- Pachet de 14 uncii tofu organic extra ferm
- 1 lingura ulei
- 1 lingurita de seminte de chimen
- ½ ceapă mică, albă sau roșie, decojită și tocată
- 1 bucată rădăcină de ghimbir, decojită și rasă
- 1-2 ardei iute verzi thailandezi, serrano sau cayenne, tocate
- ½ linguriță pudră de turmeric
- ½ linguriță pudră de chile roșu sau cayenne
- ½ linguriță sare de mare grunjoasă
- ½ lingurita sare neagra
- ¼ cană (4 g) coriandru proaspăt, tocat

Directii

a) Se sfărâmă tofu cu mâinile și se pune deoparte.
b) Într-o tigaie tare și plată, încălziți uleiul la foc mediu-mare.

c) Adăugați chimenul și gătiți până sfârâie semințele, aproximativ 30 de secunde.

d) Adăugați ceapa, rădăcina de ghimbir, ardei iute și turmeric. Se fierbe și se rumenesc timp de 1 până la 2 minute, amestecând pentru a nu se lipi.

e) Adăugați tofu și amestecați bine pentru a vă asigura că întregul amestec devine galben de la turmeric.

f) Adăugați pudra de chile roșu, sarea de mare, sarea neagră (kala namak) și coriandru. Amesteca bine.

g) Serviți cu pâine prăjită sau rulat într-un roti cald sau un wrap cu paratha.

61. Masala Papad

RANDAMENT: 6-10 napolitane

Ingrediente

- 1 pachet (6-10 unități) de papad cumpărat din magazin (făcut din linte)
- 2 linguri ulei
- 1 ceapa rosie medie, curatata si tocata
- 2 roșii medii, tăiate cubulețe
- 1-2 ardei iute verzi thailandezi, serrano sau cayenne, tulpinile îndepărtate, feliate fin
- 1 lingurita Chaat Masala
- Pudră de chile roșu sau cayenne, după gust

Directii

a) Cu clești, luați câte un papad și încălziți-l peste plită. Dacă aveți o sobă pe gaz, gătiți-o chiar peste flacără, având grijă să stingeți bucățile care iau foc. Cel mai bun mod de a le găti este să le răsturnați constant până când toate părțile sunt gătite și crocante. Dacă folosiți o sobă electrică, încălziți-le pe un grătar așezat peste arzător și răsturnați-le continuu până când sunt crocante. Fiți atenți – se ard ușor.

b) Așezați papads pe o tavă mare.

c) Cu o pensulă de patiserie, ungeți ușor fiecare papad cu ulei.

d) Într-un castron mic, amestecați împreună ceapa, roșiile și ardei iute.

e) Peste fiecare papad se pun 2 linguri de amestec de ceapa.

f) Completați fiecare papad cu un strop de Chaat Masala și pudră de chile roșu. Serviți imediat.

62.Salata de fasole picanta

RANDAMENT: 5 CANI (1,19 L)

Ingrediente

- 4 căni de fasole fiartă (sau 2 conserve de [15 uncii] (426 g), scurse și clătite)
- 1 cartof mediu, fiert și tăiat cubulețe
- ½ ceapă roșie medie, curățată și tăiată cubulețe
- 1 roșie medie, tăiată cubulețe
- 1 bucată de rădăcină de ghimbir, decojită și rasă sau tocată
- 2-3 ardei iute verzi thailandezi, serrano sau cayenne, tocate
- Suc de 1 lămâie
- 1 lingurita sare neagra (kala namak)
- 1 lingurita Chaat Masala
- ½ linguriță sare de mare grunjoasă
- ½-1 linguriță pudră de chile roșu sau cayenne
- ¼ cană coriandru proaspăt tocat
- ¼ cană Chutney de curmale cu tamarind

Directii

a) Într-un castron mare, amestecați toate ingredientele, cu excepția chutney-ului cu tamarind și curmale.

b) Împărțiți salata în boluri mici de servire și completați fiecare cu o lingură de Chutney cu tamarind și curmale.

63. Dip de vinete prăjite

RANDAMENT: 5 CANI (1,19 L)

Ingrediente

- 3 vinete medii cu coaja (soiul mare, rotund, violet)
- 2 linguri ulei
- 1 linguriță grămadă de semințe de chimen
- 1 lingurita coriandru macinat
- 1 lingurita pudra de turmeric
- 1 ceapă mare galbenă sau roșie, curățată și tăiată cubulețe
- 1 (2 inchi [5 cm]) bucată de rădăcină de ghimbir, decojită și rasă sau tocată
- 8 catei de usturoi, curatati si rasi sau tocati
- 2 roșii medii, decojite (dacă este posibil) și tăiate cubulețe
- 1-4 ardei iute verzi thailandezi, serrano sau cayenne, tocate
- 1 linguriță pudră de chile roșu sau cayenne
- 1 lingură sare de mare grunjoasă

Directii

a) Puneți un grătar pentru cuptor în a doua cea mai înaltă poziție. Preîncălziți broilerul la 500°F (260°C). Tapetați o foaie de copt cu folie de aluminiu pentru a evita dezordinea mai târziu.

b) Faceți găuri în vinete cu o furculiță (pentru a elibera aburul) și puneți-le pe tava de copt. Se fierb timp de 30 de minute, întorcându-le o dată. Pielea va fi carbonizată și arsă în unele zone când sunt gata. Scoateți foaia de copt din cuptor și lăsați vinetele să se răcească pentru cel puțin 15 minute.

c) Cu un cuțit ascuțit, tăiați o despicare pe lungime de la un capăt la celălalt al fiecărei vinete și trageți-o ușor. Scoateți carnea prăjită din interior, având grijă să evitați aburul și să salvați cât mai mult suc posibil. Puneți pulpa de vinete prăjită într-un castron.

d) Într-o tigaie adâncă și grea, încălziți uleiul la foc mediu-mare.

e) Adăugați chimenul și gătiți până sfârâie, aproximativ 30 de secunde.

f) Adăugați coriandru și turmericul. Se amestecă și se fierbe timp de 30 de secunde.

g) Se adauga ceapa si se rumeneste 2 minute.

h) Adăugați rădăcina de ghimbir și usturoiul și gătiți încă 2 minute.

i) Adăugați roșiile și ardeiul iute. Gatiti 3 minute, pana cand amestecul se inmoaie.

j) Adăugați carnea de vinete prăjite și gătiți încă 5 minute, amestecând din când în când pentru a nu se lipi.

k) Adăugați pudra de ardei iute și sare. În acest moment, ar trebui, de asemenea, să îndepărtați și să aruncați orice bucăți rătăcite de piele de vinete carbonizate.

l) Amestecați acest amestec folosind un blender de imersie sau într-un blender separat. Nu exagerati - ar trebui să existe totuși ceva textura. Serviți cu felii de naan prăjite, biscuiți sau chipsuri tortilla. De asemenea, îl puteți servi în mod tradițional cu o masă indiană de roti, linte și raita.

64. Pătrate de legume la cuptor

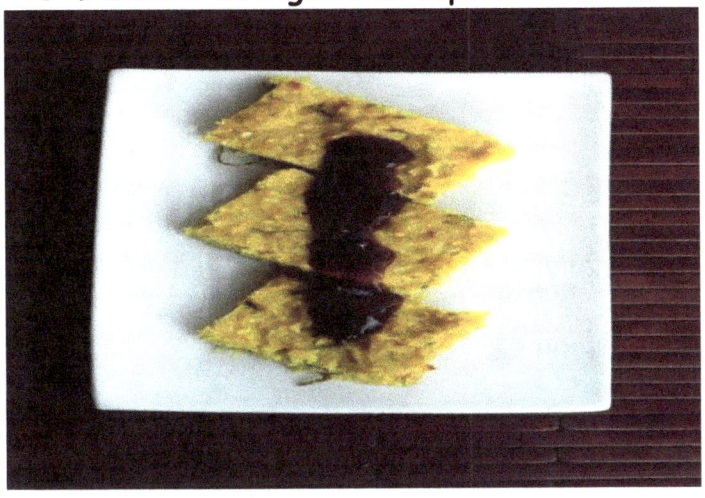

RENDAMENT: 25 PĂTRAȚE DE DIMENSIUNE MEDIE

Ingrediente

- 2 cesti (140 g) varza alba rasa (½ cap mic)
- 1 cană (100 g) conopidă rasă (¼ cap mediu)
- 1 cană (124 g) dovlecel ras
- ½ cartof, curatat si ras
- ½ ceapă medie galbenă sau roșie, curățată și tăiată cubulețe
- 1 bucată de rădăcină de ghimbir, decojită și rasă sau tocată
- 3-4 ardei iute verzi thailandezi, serrano sau cayenne, tocate
- ¼ cană (4 g) coriandru proaspăt tocat
- 3 cesti (276 g) grame (naut) faina (besan)
- ½ pachet de 12 uncii tofu mătăsos
- 1 lingură sare de mare grunjoasă
- 1 lingurita pudra de turmeric
- 1 linguriță pudră de chile roșu sau cayenne

- ¼ linguriță de praf de copt
- ¼ cană ulei

Directii

a) Puneți un grătar pentru cuptor în poziția de mijloc și preîncălziți cuptorul la 350°F (180°C). Ungeți cu ulei o tavă pătrată de 10 inchi (25 cm). Utilizați o tavă mai mare dacă doriți o pakora mai subțire și mai crocantă.

b) Într-un castron adânc, combinați varza, conopida, dovleceii, cartofii, ceapa, rădăcina de ghimbir, ardei iute și coriandru.

c) Adaugam faina si amestecam incet pana se omogenizeaza bine. Vă ajută să vă folosiți mâinile pentru a amesteca totul împreună.

d) Într-un robot de bucătărie, un blender sau un blender mai puternic, amestecați tofu până la omogenizare.

e) Adăugați amestecul de tofu, sare, turmeric, praf de ardei iute, praf de copt și ulei la amestecul de legume. Amesteca.

f) Se toarnă amestecul în tava pregătită.

g) Coaceți timp de 45 până la 50 de minute, în funcție de cât de cald este cuptorul. Vasul este terminat când o scobitoare introdusă în mijloc iese curată.

h) Se răcește timp de 10 minute și se taie în pătrate. Servește cu chutney-ul tău preferat.

65. Chirtărițe picante de cartofi dulci

RENDAMENT: 10 CHITELURI DE DIMENSIUNE MEDIE

Ingrediente

- 1 cartof dulce mare (sau cartof alb), decojit și tăiat
- zaruri de ½ inch (13 mm) (aproximativ 4 căni [600 g])
- 3 linguri ulei, împărțit
- 1 lingurita de seminte de chimen
- ½ ceapă medie galbenă sau roșie, curățată și tăiată mărunt
- Rădăcină de ghimbir de 1 inch, decojită și rasă sau tocată
- 1 lingurita pudra de turmeric
- 1 lingurita coriandru macinat
- 1 lingurita garam masala
- 1 linguriță pudră de chile roșu sau cayenne
- 1 cană (145 g) mazăre, proaspătă sau congelată (decongelați mai întâi)
- 1–2 ardei iute verzi thailandezi, serrano sau cayenne, tocate
- 1 lingurita sare de mare grunjoasa

- ½ cană (46 g) grame (năut) făină (besan)
- 1 lingura suc de lamaie
- Pătrunjel proaspăt tocat sau coriandru, pentru ornat

Directii

a) Se fierbe cartofii la abur până se înmoaie, aproximativ 7 minute. Lasă-l să se răcească.
Folosește-ți mâinile sau un mașină de zdrobire de cartofi pentru a-l descompune ușor. Veți avea aproximativ 3 căni (630 g) piure de cartofi în acest moment.

b) Într-o tigaie mică, încălziți 2 linguri de ulei la foc mediu-mare.

c) Adăugați chimenul și gătiți până sfârâie și se rumenește ușor, aproximativ 30 de secunde.

d) Adăugați ceapa, rădăcina de ghimbir, turmeric, coriandru, garam masala și pudra de ardei iute. Gatiti pana se inmoaie, inca 2-3 minute. Lăsați amestecul să se răcească.

e) După ce s-a răcit, adăugați amestecul la cartofi, urmat de mazăre, ardei iute, sare, făină și zeamă de lămâie.

f) Se amestecă bine cu mâinile sau cu lingura mare.

g) Formați amestecul în chifteluțe mici și puneți-le deoparte pe o tavă.

h) Într-o tigaie mare și grea, încălziți restul de 1 lingură de ulei la foc mediu-mare. Gatiti chiftelele in cate 2-4, in functie de marimea tigaii, aproximativ 2-3 minute pe fiecare parte, pana se rumenesc.

i) Se serveste fierbinte, ornat cu patrunjel proaspat tocat sau coriandru. Această chiflă poate fi mâncată ca un sandviș, pe un pat de salată verde sau ca o parte distractivă a intrării. Amestecul se va păstra aproximativ 3 până la 4 zile la frigider. Pentru a face chifteluța mai tradițională, folosiți cartofi obișnuiți în locul cartofilor dulci.

66.Salata de muguri a mamei

RANDAMENT: 2 CANI

Ingrediente

- 1 cană (192 g) linte verde întreagă încolțită (sabut moong)
- 1 ceapa verde, tocata
- 1 roșie mică, tocată (½ cană [80 g])
- ½ ardei gras roșu sau galben mic, tocat (¼ cană [38 g])
- 1 castravete mic, curatat si tocat
- 1 cartof mic, fiert, decojit și tocat
- 1 bucată de rădăcină de ghimbir, decojită și rasă sau tocată
- 1-2 ardei iute verzi thailandezi, serrano sau cayenne, tocate
- ¼ cană (4 g) coriandru proaspăt tocat
- Suc de ½ lămâie sau lime
- ½ linguriță sare de mare
- ½ linguriță pudră de chile roșu sau cayenne
- ½ lingurita ulei

Directii

a) Combinați toate ingredientele și amestecați bine. Serviți ca o salată secundară sau ca o gustare rapidă, sănătoasă și bogată în proteine.

b) Umpleți într-o pita cu un avocado tocat pentru un prânz rapid.

67. Salată de roșii, castraveți și ceapă

RANDAMENT: 5 CANI (1,19 L)

Ingrediente

- 1 ceapă mare galbenă sau roșie, curățată și tăiată cubulețe
- 4 roșii medii, tăiate cubulețe
- 4 castraveți medii, decojiți și tăiați cubulețe
- 1-3 ardei iute verzi thailandezi, serrano sau cayenne, tocate
- Suc de 2 lime
- $\frac{1}{4}$ cană (4 g) coriandru proaspăt tocat
- 1 lingurita sare de mare grunjoasa
- 1 lingurita sare neagra (kala namak)
- 1 linguriță pudră de chile roșu sau cayenne

Directii

a) Într-un castron mare combinați toate ingredientele și amestecați bine.

b) Serviți imediat ca garnitură la orice fel de mâncare sau serviți cu o parte de chipsuri ca o salsa rapidă și sănătoasă.

Rețineți că, odată cu combinația de lămâie și roșii, această salată nu are o durată lungă de valabilitate.

68. Salata de Strada Popper de Naut

RANDAMENT: 5 CANI (1,19 L)

Ingrediente

- 4 cesti Chickpea Poppers gatiti cu orice masala
- 1 ceapă medie galbenă sau roșie, curățată și tăiată cubulețe
- 1 roșie mare, tăiată cubulețe
- Suc de 2 lămâi
- ½ cană (8 g) coriandru proaspăt tocat
- 2-4 ardei iute verzi thailandezi, serrano sau cayenne, tocate
- 1 lingurita sare de mare grunjoasa
- 1 lingurita sare neagra (kala namak)
- 1 linguriță pudră de chile roșu sau cayenne
- 1 lingurita Chaat Masala
- ½ cană chutney de mentă
- ½ cană chutney de curmale cu tamarind
- 1 cană iaurt de soia Raita

Directii

a) Într-un castron adânc, amestecați poppers de năut, ceapa, roșiile, suc de lămâie, coriandru, ardei iute, sare de mare, sare neagră, pudră de chile roșu și Chaat Masala.

b) Împărțiți amestecul în bolurile individuale de servire.

c) Acoperiți fiecare castron cu câte o lingură de chutneys cu mentă și tamarind și curmale și iaurt de soia Raita. Serviți imediat.

69. Salata de morcovi crocanti

RANDAMENT: 5 CANI (1,19 L)

Ingrediente

- ½ cană (96 g) de linte verde despicată și decojită
- 5 cesti (550 g) morcovi curatati si rasi
- 1 daikon mediu, decojit și ras
- ¼ cană (40 g) alune crude, prăjite uscat
- ¼ cană (4 g) coriandru proaspăt tocat
- Suc de 1 lămâie medie
- 2 lingurițe sare de mare grunjoasă
- ½ linguriță pudră de chile roșu sau cayenne
- 1 lingura ulei
- 1 linguriță grămadă de semințe de muștar negru
- 6-7 frunze de curry, tocate grosier
- 1-2 ardei iute verzi thailandezi, serrano sau cayenne, tocate

Directii

a) Înmuiați lintea în apă fiartă timp de 20 până la 25 de minute, până când este al dente. Scurgere.

b) Puneți morcovii și daikonul într-un castron adânc.

c) Adăugați lintea scursă, alunele, coriandru, sucul de lămâie, sare și pudra de ardei iute.

d) Într-o tigaie mică, grea, încălziți uleiul la foc mediu-mare.

e) Adăugați semințele de muștar. Acoperiți tigaia (ca să nu iasă și să vă ardă) și gătiți până sfârâie semințele, aproximativ 30 de secunde.

f) Adăugați cu grijă frunzele de curry și ardei iute verzi.

g) Turnați acest amestec peste salată și amestecați bine. Serviți imediat sau puneți la frigider înainte de servire.

70. Dhokla de orez brun și fasole Adzuki

RANDAMENT: cca 2 DUCINI DE PĂTRAȚE MICI

- ½ cană (95 g) orez basmati brun, spălat
- ½ cană (95 g) orez basmati alb, spălat
- ½ cană (99 g) fasole adzuki întregă cu coajă, culeasă și spălată
- 2 linguri de grame împărțite (chana dal)
- ¼ linguriță de semințe de schinduf
- ½ pachet de 12 uncii tofu moale de mătase
- Suc de 1 lămâie medie
- 1 lingurita sare de mare grunjoasa
- 1 cană apă
- ½ linguriță eno sau bicarbonat de sodiu
- ½ linguriță pudră de chile roșu, cayenne sau boia de ardei
- 1 lingura ulei
- 1 linguriță de semințe de muștar maro sau negru
- 15-20 de frunze de curry, tocate grosier

- 1–3 ardei iuți verzi thailandez, serrano sau cayenne, tulpinile îndepărtate, tăiate pe lungime

Directii

a) Înmuiați orezul brun și alb, fasolea adzuki, gramul împărțit și schinduful împreună în apă peste noapte.

b) Într-un blender puternic, combinați amestecul de orez și linte scurs, tofu, sucul de lămâie, sarea și 1 cană de apă.

c) Se macină la maxim timp de 4 până la 5 minute, până se omogenizează. Fii răbdător. Poate fi necesar să vă opriți și să răzuiți părțile laterale ale ulciorului, astfel încât să se amestece uniform. Se toarnă amestecul într-un bol adânc.

d) Lăsați aluatul să stea timp de 2 până la 3 ore. Gata, sau va începe să se acru.

e) Ungeți o tigaie pătrată adâncă. (Al meu are 9 inchi [22,5 cm] pătrați și 2 inchi [5 cm] adâncime.)

f) Presărați eno sau bicarbonat de sodiu pe fund și amestecați ușor de 2 sau 3 ori. Veți vedea imediat că începe să bule.

g) Turnați aluatul în tava pregătită.

h) Aduceți puțină apă la fiert într-un cazan dublu suficient de mare pentru a se potrivi cu tigaia pătrată. Puneți ușor tigaia pătrată în partea superioară a cazanului.

i) Acoperiți tigaia și gătiți la abur timp de 12 până la 15 minute. Dhokla este gătit când o scobitoare introdusă în mijloc iese curată. Scoateți capacul și lăsați-l să se răcească timp de 10 minute în tigaie.

j) Scoateți cu grijă tigaia pătrată din fierbere.

k) Tăiați încet dhokla în pătrate și aranjați-le într-o piramidă pe o farfurie mare.

l) Stropiți-le cu ardei iute roșu, cayenne sau boia de ardei.

m) Pregătiți călirea. Într-o tigaie, încălziți 1 lingură de ulei la foc mediu-mare. Adăugați semințele de muștar. Odată ce încep să pop, adăugați frunzele de curry și ardei iute.

n) Turnați acest amestec uniform peste dhokla. Serviți imediat cu o parte de chutney de mentă-coriandru sau nucă de cocos.

71.Salata caldă nord-indiană

RANDAMENT: 3 CANI

Ingrediente

- 1 lingura ulei
- 1 lingurita de seminte de chimen
- ½ linguriță pudră de turmeric
- 1 ceapa medie galbena sau rosie, curatata si tocata
- 1 bucată de rădăcină de ghimbir, decojită și tăiată în bețișoare de chibrit
- 2 catei de usturoi, curatati si rasi
- 1-2 ardei iute verzi thailandezi, serrano sau cayenne
- 2 căni (396 g) de fasole sau linte întregi gătite
- 1 lingurita sare de mare grunjoasa
- ½ linguriță pudră de chile roșu sau cayenne
- ½ linguriță sare neagră (kala namak) ¼ cană (4 g) coriandru proaspăt tocat

Directii

a) Într-o tigaie adâncă și grea, încălziți uleiul la foc mediu-mare.

b) Adăugați chimenul și turmericul. Gatiti pana sfaraie semintele, aproximativ 30 de secunde.

c) Adăugați ceapa, rădăcina de ghimbir, usturoiul și ardeiul iute. Gatiti pana se rumenesc, aproximativ 2 minute.

d) Adăugați fasolea sau lintea. Gatiti inca 2 minute.

e) Adăugați sarea de mare, pudra de chile, sarea neagră și coriandru. Se amestecă bine și se servește.

72.Salata rece de stradă

RANDAMENT: 6 CANI

Ingrediente

- 4 cesti de fasole intreaga sau linte fierte
- 1 ceapa rosie medie, curatata si taiata cubulete
- 1 roșie medie, tăiată cubulețe
- 1 castravete mic, curatat de coaja si taiat cubulete
- 1 daikon mediu, decojit și ras
- 1-2 ardei iute verzi thailandezi, serrano sau cayenne, tocate
- ¼ cană (4 g) coriandru proaspăt tocat, tocat
- Sucul de la 1 lămâie mare
- 1 lingurita sare de mare grunjoasa
- ½ linguriță sare neagră (kala namak)
- ½ linguriță Chaat Masala
- ½ linguriță pudră de chile roșu sau cayenne
- 1 lingurita de turmeric alb proaspat, curatat si ras (optional)

Directii

a) Într-un castron adânc, amestecați toate ingredientele.

b) Serviți imediat ca o salată secundară sau învelit într-o frunză de salată.

73. Quickie Masala Fasole sau Linte

RANDAMENT: 5 CANI (1,19 L)

Ingrediente

- 1 cană Gila Masala
- 1 cană legume tocate
- 1-3 ardei iute thailandez, serrano sau cayenne, tocat
- 1 lingurita garam masala
- 1 lingurita coriandru macinat
- 1 lingurita Chimen macinat prajit
- ½ linguriță pudră de chile roșu sau cayenne
- 1½ linguriță sare de mare grunjoasă
- 2 căni de apă
- 2 cesti de fasole intreaga sau linte fierte
- 1 lingură coriandru proaspăt tocat, pentru ornat

Directii

a) Într-o cratiță adâncă și grea, încălziți Gila Masala la foc mediu-mare până când începe să clocotească.

b) Adăugați legumele, ardei iute, garam masala, coriandru, chimen, pudră de ardei iute, sare și apă. Gatiti pana cand legumele se inmoaie, 15 pana la 20 de minute.

c) Adăugați fasolea sau lintea. Gatiti pana se incalzesc.

d) Se ornează cu coriandru și se servește imediat cu orez basmati brun sau alb, roti sau naan.

74. Salata de Leguminoase cu Cocos

RANDAMENT: 4 CANI

Ingrediente

- 2 linguri ulei de cocos
- ½ lingurita asafetida (hing)
- 1 linguriță de semințe de muștar negru
- 10-12 frunze de curry, tocate grosier
- 2 linguri de nucă de cocos mărunțită neîndulcit
- 4 cesti de fasole intreaga sau linte fierte
- 1 lingurita sare de mare grunjoasa
- 1-2 ardei iute thailandez, serrano sau cayenne,

Directii

a) Într-o tigaie adâncă și grea, încălziți uleiul la foc mediu-mare.

b) Adăugați asafetida, muștarul, frunzele de curry și nuca de cocos. Se încălzește până când semințele apar, aproximativ 30 de secunde. Aveți grijă să nu ardeți frunzele de curry sau nuca de cocos. Semințele pot ieși, așa că ține un capac la îndemână.

c) Adăugați fasolea sau lintea, sare și ardei iute. Se amestecă bine și se servește imediat.

75. Fasole curry sau linte

RANDAMENT: 5 CANI

Ingrediente

- 2 linguri ulei
- ½ lingurita asafetida (hing)
- 2 lingurițe de semințe de chimen
- ½ linguriță pudră de turmeric
- 1 baton de scortisoara
- 1 frunză de cassia (sau dafin)
- ½ ceapă medie galbenă sau roșie, curățată și tocată
- 1 bucată de rădăcină de ghimbir, decojită și rasă sau tocată
- 4 catei de usturoi, curatati si rasi sau tocati
- 2 roșii mari, decojite și tăiate cubulețe
- 2-4 ardei iute verzi thailandezi, serrano sau cayenne, tocate
- 4 cesti de fasole intreaga sau linte fierte
- 4 căni de apă
- 1½ linguriță sare de mare grunjoasă

- 1 linguriță pudră de chile roșu sau cayenne
- 2 linguri coriandru proaspăt tocat, pentru ornat

Directii

a) Într-o cratiță grea, încălziți uleiul la foc mediu-mare.

b) Adăugați asafetida, chimenul, turmericul, scorțișoara și frunza de cassia și gătiți până sfârâie semințele, aproximativ 30 de secunde.

c) Adăugați ceapa și gătiți până se rumenește ușor, aproximativ 3 minute. Amestecați des pentru a nu se lipi ceapa de tigaie.

d) Adăugați rădăcina de ghimbir și usturoiul. Gatiti inca 2 minute.

e) Adăugați roșiile și ardei iute verzi.

f) Reduceți focul la mediu-mic și gătiți timp de 3 până la 5 minute, până când roșiile încep să se descompună.

g) Adăugați fasolea sau lintea și gătiți încă 2 minute.

h) Adăugați apa, sarea și pudra de ardei iute. Se aduce la fierbere.

i) Odată ce amestecul fierbe, reduceți focul și fierbeți timp de 10 până la 15 minute.

j) Se ornează cu coriandru și se servește cu orez basmati brun sau alb, roti sau naan.

76. Curry inspirat de Goan cu lapte de cocos

RANDAMENT: 6 CANI (1,42 L)

Ingrediente

- 1 lingura ulei
- ½ ceapă mare, curățată și tăiată cubulețe
- 1 bucată de rădăcină de ghimbir, decojită și rasă sau tocată
- 4 catei de usturoi, curatati si rasi sau tocati
- 1 roșie mare, tăiată cubulețe (2 căni)
- 1-3 ardei iute verzi thailandezi, serrano sau cayenne, tocate
- 1 lingura coriandru macinat
- 1 lingura chimen macinat
- 1 lingurita pudra de turmeric
- 1 lingurita pasta de tamarind
- 1 linguriță grămadă de zahăr brun sau zahăr brun
- 1½ linguriță sare de mare grunjoasă
- 3 căni de apă

- 4 cani de linte sau fasole intreaga gatita (mazarea cu ochi negri este traditionala)
- 1 cană lapte de cocos, obișnuit sau ușor
- Suc de ½ lămâie medie
- 1 lingură coriandru proaspăt tocat, pentru ornat

Directii

a) Într-o cratiță adâncă și grea, încălziți uleiul la foc mediu-mare.

b) Adăugați ceapa și gătiți timp de 2 minute, până se rumenește ușor.

c) Adăugați rădăcina de ghimbir și usturoiul. Gatiti inca un minut.

d) Adăugați roșia, ardei iute, coriandru, chimen, turmeric, tamarind, jaggery, sare și apă.

e) Se aduce la fierbere, se reduce focul și se fierbe neacoperit timp de 15 minute.

f) Adăugați lintea sau fasolea și laptele de cocos și încălziți.

g) Adauga sucul de lamaie si orneaza cu coriandru. Serviți cu orez basmati brun sau alb, roti sau naan.

77. Leguminoase Chana Masala

RANDAMENT: 6 CANI (1,42 L)

Ingrediente

- 2 linguri ulei
- 1 linguriță grămadă de semințe de chimen
- ½ linguriță pudră de turmeric
- 2 linguri Chana Masala
- 1 ceapă mare galbenă sau roșie, curățată și tăiată cubulețe
- 1 (2 inchi [5 cm]) bucată de rădăcină de ghimbir, decojită și rasă sau tocată
- 4 catei de usturoi, curatati si rasi sau tocati
- 2 roșii medii, tăiate cubulețe
- 1-3 ardei iute verzi thailandezi, serrano sau cayenne, tocate
- 1 linguriță pudră de chile roșu sau cayenne
- 1 lingură sare de mare grunjoasă
- 1 cană apă
- 4 cesti de fasole intreaga sau linte fierte

Directii

a) Într-o tigaie adâncă și grea, încălziți uleiul la foc mediu-mare.

b) Adăugați chimenul, turmericul și Chana Masala și gătiți până sfârâie semințele, aproximativ 30 de secunde.

c) Adăugați ceapa și gătiți până se înmoaie, aproximativ un minut.

d) Adăugați rădăcina de ghimbir și usturoiul. Gatiti inca un minut.

e) Adăugați roșiile, ardei iute verzi, pudră de ardei iute, sare și apă.

f) Aduceți la fiert, reduceți focul și fierbeți amestecul timp de 10 minute, până când toate ingredientele se amestecă.

g) Adăugați fasolea sau lintea și gătiți. Serviți peste orez basmati brun sau alb sau cu roti sau naan.

78.Fasole curry punjabi

RANDAMENT: 7 CANI (1,66 L)

Ingrediente

- 1 ceapa medie galbena sau rosie, curatata de coaja si tocata grosier
- 1 bucată de rădăcină de ghimbir, decojită și tocată grosier
- 4 catei de usturoi, curatati si taiati
- 2-4 ardei iute verzi thailandezi, serrano sau cayenne
- 2 linguri ulei
- ½ lingurita asafetida (hing)
- 2 lingurițe de semințe de chimen
- 1 lingurita pudra de turmeric
- 1 baton de scortisoara
- 2 cuișoare întregi
- 1 păstaie de cardamom negru
- 2 roșii medii, curățate și tăiate cubulețe (1 cană)
- 2 linguri pasta de rosii

- 4 cesti de fasole intreaga sau linte fierte
- 2 căni de apă
- 2 lingurițe sare de mare grunjoasă
- 2 lingurite garam masala
- 1 linguriță pudră de chile roșu sau cayenne
- 2 linguri pline de coriandru proaspăt tocat

Directii

a) Într-un robot de bucătărie, procesați ceapa, rădăcina de ghimbir, usturoiul și ardeiul iute până la o pastă apoasă.

b) Într-o tigaie adâncă și grea, încălziți uleiul la foc mediu-mare.

c) Adăugați asafetida, chimenul, turmericul, scorțișoara, cuișoarele și cardamomul. Gatiti pana cand amestecul sfaraie, aproximativ 30 de secunde.

d) Adăugați încet pasta de ceapă. Fiți atenți – acest lucru se poate împroșca atunci când atinge uleiul fierbinte. Gatiti pana se rumenesc, amestecand din cand in cand, aproximativ 2 minute.

e) Adăugați roșiile, pasta de roșii, linte sau fasole, apă, sare, garam masala și pudra de chile roșu.

f) Aduceți amestecul la fierbere, apoi reduceți focul și fierbeți timp de 10 minute.

g) Scoateți condimentele întregi. Adăugați coriandru și serviți peste un pat de orez basmati brun sau alb.

79. Fasole și linte fierte încet

RANDAMENT: 10 CANI

Ingrediente

- 2 căni (454 g) de fasole lima uscată, culesă și spălată
- ½ ceapă medie galbenă sau roșie, curățată de coajă și tocată grosier
- 1 roșie medie, tăiată cubulețe
- 1 bucată de rădăcină de ghimbir, decojită și rasă sau tocată
- 2 catei de usturoi, curatati si rasi sau tocati
- 1–3 ardei iute verzi thailandezi, serrano sau cayenne, tocate
- 3 cuișoare întregi
- 1 linguriță grămadă de semințe de chimen
- 1 linguriță pudră de chile roșu sau cayenne
- linguriță grămadă sare de mare grunjoasă
- ½ linguriță pudră de turmeric
- ½ linguriță garam masala
- 7 căni (1,66 L) apă

- ¼ cană (4 g) coriandru proaspăt tocat

Directii

a) Pune toate ingredientele cu excepția coriandrului în aragazul lent. Gatiti la foc mare timp de 7 ore, pana cand fasolea se descompune si devine oarecum cremoasa.

b) Aproximativ la jumătatea procesului de gătire, fasolea va arăta ca și cum ar fi terminată, dar menține cuptorul lent. Curry va fi în continuare apos și va trebui să se gătească în continuare.

c) Scoateți cuișoarele dacă le găsiți. Adăugați coriandru proaspăt și serviți peste orez basmati sau cu roti sau naan.

80. Chana și Split Moong Dal cu fulgi de piper

RANDAMENT: 8 CANI

Ingrediente

- 1 cană (192 g) gram împărțit (chana dal), cules și spălat
- 1 cană (192 g) linte verde despicată uscată cu piele (moong dal), culese și spălată
- ½ ceapă medie galbenă sau roșie, curățată și tăiată cubulețe
- 1 bucată de rădăcină de ghimbir, decojită și rasă sau tocată

- 4 catei de usturoi, curatati si rasi sau tocati

- 1 roșie medie, curățată și tăiată cubulețe

- 1-3 ardei iute verzi thailandezi, serrano sau cayenne, tocate

- 1 lingura plus 1 lingurita de seminte de chimion, impartite

- 1 lingurita pudra de turmeric

- 2 lingurițe sare de mare grunjoasă

- 1 linguriță pudră de chile roșu sau cayenne

- 6 căni de apă

- 2 linguri ulei

- 1 lingurita fulgi de ardei rosu

- 2 linguri coriandru proaspăt tocat

Directii

a) Pune gramul împărțit, linte verde, ceapa, rădăcină de ghimbir, usturoi, roșii, ardei iute, 1 lingură de chimen, turmeric, sare, pudră de chile roșu și apă în slow cooker. Gatiti la foc mare timp de 5 ore.

b) Aproape de sfârșitul timpului de gătit, încălziți uleiul într-o tigaie mică la foc mediu-mare.

c) Adăugați restul de 1 linguriță de chimen.

d) După ce sfârâie, adăugați fulgii de ardei roșu. Gatiti inca 30 de secunde cel mult. Dacă o gătiți prea mult, fulgii vor deveni prea tari.

e) Adăugați acest amestec, împreună cu coriandru, la linte.

f) Serviți-l singur ca supă sau cu orez basmati brun sau alb, roti sau naan.

81. Tofu condimentat și roșii

RANDAMENT: 4 CANI

Ingrediente

- 2 linguri ulei
- 1 lingură grămadă de semințe de chimen
- 1 lingurita pudra de turmeric
- 1 ceapa medie rosie sau galbena, curatata si tocata
- 1 (2 inchi [5 cm]) bucată de rădăcină de ghimbir, decojită și rasă sau tocată
- 6 catei de usturoi, curatati si rasi sau tocati
- 2 roșii medii, curățate (opțional) și tocate (3 căni [480 g])
- 2-4 ardei iute verzi thailandezi, serrano sau cayenne, tocate
- 1 lingura pasta de rosii
- 1 lingura garam masala
- 1 lingură frunze uscate de schinduf (kasoori methi), zdrobite ușor cu mâna pentru a-și elibera aroma
- 1 cană apă

- 2 lingurițe sare de mare grunjoasă

- 1 linguriță pudră de chile roșu sau cayenne

- 2 ardei gras verzi medii, fără semințe și tăiați cubulețe (2 căni)

- 2 pachete tofu organic extra ferm, copt și tăiat cuburi

Directii

a) Într-o tigaie mare și grea, încălziți uleiul la foc mediu-mare.

b) Adăugați chimenul și turmericul. Gatiti pana sfaraie semintele, aproximativ 30 de secunde.

c) Adăugați ceapa, rădăcina de ghimbir și usturoiul. Gatiti 2-3 minute, pana se rumenesc usor, amestecand din cand in cand.

d) Adăugați roșiile, ardei iute, pasta de roșii, garam masala, schinduf, apă, sare și pudră de ardei iute. Reduceți puțin căldura și fierbeți timp de 8 minute.

e) Adăugați ardeiul gras și gătiți încă 2 minute. Adăugați tofu și amestecați ușor. Gatiti inca 2 minute, pana se incalzesc. Serviți cu orez basmati brun sau alb, roti sau naan.

82. Hash de cartofi cu chimen

RANDAMENT: 4 CANI

Ingrediente

- 1 lingura ulei

- 1 lingura de seminte de chimen

- ½ lingurita asafetida (hing)

- ½ linguriță pudră de turmeric

- ½ linguriță pudră de mango (amchur)

- 1 ceapa mica galbena sau rosie, curatata si taiata cubulete

- 1 bucată de rădăcină de ghimbir, decojită și rasă sau tocată

- 3 cartofi mari fierți (orice fel), curățați și tăiați cubulețe (4 căni [600 g])

- 1 lingurita sare de mare grunjoasa

- 1-2 ardei iute verzi thailandez, serrano sau cayenne, tulpinile îndepărtate, feliate subțiri

- ¼ cană (4 g) coriandru proaspăt tocat, suc tocat de ½ lămâie

Directii

a) Într-o tigaie adâncă și grea, încălziți uleiul la foc mediu-mare.

b) Adăugați chimenul, asafetida, turmericul și pudra de mango. Gatiti pana sfaraie semintele, aproximativ 30 de secunde.

c) Adăugați ceapa și rădăcina de ghimbir. Gatiti inca un minut, amestecand pentru a nu se lipi.

d) Adăugați cartofii și sare. Se amestecă bine și se fierbe până când cartofii se încălzesc.

e) Acoperiți cu ardei iute, coriandru și suc de lămâie. Serviți ca o garnitură cu roti sau naan sau rulat într-un besan poora sau dosa. Acesta este grozav ca umplutură pentru un sandviș cu legume sau chiar servit într-o ceașcă de salată verde.

83.Hash de cartofi cu seminte de mustar

RANDAMENT: 4 CANI

Ingrediente

- 1 lingură de gram împărțit (chana dal)
- 1 lingura ulei
- 1 lingurita pudra de turmeric
- 1 linguriță de semințe de muștar negru
- 10 frunze de curry, tocate grosier
- 1 ceapa mica galbena sau rosie, curatata si taiata cubulete
- 3 cartofi mari fierti (orice fel), curatati si taiati cubulete
- 1 lingurita sare alba grunjoasa
- 1-2 ardei iute verzi thailandezi, serrano sau cayenne, tulpinile îndepărtate, feliate subțiri

Directii

a) Înmuiați gramul împărțit în apă fiartă în timp ce pregătiți ingredientele rămase.

b) Într-o tigaie adâncă și grea, încălziți uleiul la foc mediu-mare.

c) Adăugați turmericul, muștarul, frunzele de curry și gramul de fracțiune scurs. Atenție, semințele au tendința de a sparge, iar lintea înmuiată ar putea stropi cu ulei, așa că este posibil să aveți nevoie de un capac. Gatiti timp de 30 de secunde, amestecand pentru a nu se lipi.

d) Adăugați ceapa. Gatiti pana se rumenesc usor, aproximativ 2 minute.

e) Adăugați cartofii, sare și ardei iute. Gatiti inca 2 minute. Serviți ca o garnitură cu roti sau naan sau rulat într-un besan poora sau dosa. Acesta este grozav ca umplutură pentru un sandviș cu legume sau chiar servit într-o ceașcă de salată verde.

84. Varză în stil punjabi

RANDAMENT: 7 CANI

Ingrediente

- 3 linguri ulei

- 1 lingura de seminte de chimen

- 1 lingurita pudra de turmeric

- ½ ceapă galbenă sau roșie, curățată și tăiată cubulețe

- 1 bucată de rădăcină de ghimbir, decojită și rasă sau tocată

- 6 catei de usturoi, curatati si tocati

- 1 cartof mediu, decojit și tăiat cubulețe

- 1 varză albă cu cap mediu, cu frunzele exterioare îndepărtate și mărunțite fin (aproximativ 8 căni [560 g])

- 1 cană (145 g) mazăre, proaspătă sau congelată

- 1 chile verde thailandez, serrano sau cayenne, tulpina îndepărtată, tocată

- 1 lingurita coriandru macinat

- 1 lingurita chimen macinat

- 1 lingurita piper negru macinat
- ½ linguriță pudră de chile roșu sau cayenne
- 1½ linguriță sare de mare

Directii

a) Pune toate ingredientele în slow cooker și amestecă ușor.

b) Gatiti la foc mic timp de 4 ore. Serviți cu orez basmati alb sau brun, roti sau naan. Acesta este un umplutură grozavă pentru o pita cu un strop de raita de iaurt de soia.

85. Varză cu semințe de muștar și nucă de cocos

RANDAMENT: 6 CANI

Ingrediente

- 2 linguri de linte neagra intreaga, decojita (sabut urud dal)
- 2 linguri ulei de cocos
- ½ lingurita asafetida (hing)
- 1 linguriță de semințe de muștar negru
- 10-12 frunze de curry, tocate grosier
- 2 linguri de nucă de cocos măruntită neîndulcit
- 1 varză albă cu cap mediu, tocată (8 căni [560 g])
- 1 lingurita sare de mare grunjoasa
- 1-2 ardei iute thailandez, serrano sau cayenne, tulpinile îndepărtate, tăiate pe lungime

Directii

a) Înmuiați lintea în apă fiartă, astfel încât să se înmoaie în timp ce pregătiți ingredientele rămase.

b) Într-o tigaie adâncă și grea, încălziți uleiul la foc mediu-mare.

c) Adauga asafetida, mustarul, lintea scursa, frunzele de curry si nuca de cocos. Se încălzește până când semințele apar, aproximativ 30 de secunde. Aveți grijă să nu ardeți frunzele de curry sau nuca de cocos. Semințele pot ieși, așa că ține un capac la îndemână.

d) Se adauga varza si sarea. Gatiti, amestecand regulat, timp de 2 minute pana cand varza se ofileste.

e) Adăugați chiles. Serviți imediat ca o salată caldă, rece sau cu roti sau naan.

86.Fasole cu cartofi

RANDAMENT: 5 CANI

Ingrediente

- 1 lingura ulei
- 1 lingurita de seminte de chimen
- ½ linguriță pudră de turmeric
- 1 ceapă medie roșie sau galbenă, curățată și tăiată cubulețe
- 1 bucată de rădăcină de ghimbir, decojită și rasă sau tocată
- 3 catei de usturoi, curatati si rasi sau tocati
- 1 cartof mediu, decojit și tăiat cubulețe
- ¼ cană apă
- 4 cani de fasole tocata
- 1-2 ardei iute thailandez, serrano sau cayenne, tocat
- 1 lingurita sare de mare grunjoasa
- 1 linguriță pudră de chile roșu sau cayenne

Directii

a) Într-o tigaie grea, adâncă, încălziți uleiul la foc mediu-mare.

b) Adăugați chimenul și turmericul și gătiți până sfârâie semințele, aproximativ 30 de secunde.

c) Adăugați ceapa, rădăcina de ghimbir și usturoiul. Gatiti pana se rumeneste usor, aproximativ 2 minute.

d) Adaugati cartoful si gatiti inca 2 minute, amestecand continuu. Adăugați apă pentru a preveni lipirea.

e) Adăugați fasolea. Gatiti 2 minute, amestecand din cand in cand.

f) Adăugați ardeiul ardei, sarea și pudra de ardei iute.

g) Reduceți focul la mediu-mic și acoperiți parțial tigaia. Gatiti 15 minute, pana cand fasolea si cartofii sunt moi. Opriți focul și lăsați tigaia să stea, acoperită, pe același arzător încă 5 până la 10 minute.

h) Serviți cu orez basmati alb sau brun, roti sau naan.

87. Vinete cu cartofi

RANDAMENT: 6 CANI (1,42 L)

Ingrediente

- 2 linguri ulei
- ½ lingurita asafetida (hing)
- 1 lingurita de seminte de chimen
- ½ linguriță pudră de turmeric
- 1 bucată (2 inchi [5 cm]) de rădăcină de ghimbir, decojită și tăiată în bețe lungi de ½ inch (13 mm)
- 4 catei de usturoi, curatati de coaja si tocati grosier
- 1 cartof mediu, decojit și tocat grosier
- 1 ceapa mare, curatata de coaja si tocata grosier
- 1-3 ardei iute thailandez, serrano sau cayenne, tocat
- 1 roșie mare, tocată grosier
- 4 vinete medii cu coaja, tocate gros, capete lemnoase incluse (8 cesti [656 g])
- 2 lingurițe sare de mare grunjoasă

- 1 lingura garam masala

- 1 lingura coriandru macinat

- 1 linguriță pudră de chile roșu sau cayenne

- 2 linguri coriandru proaspăt tocat, pentru ornat

Directii

a) Într-o tigaie adâncă și grea, încălziți uleiul la foc mediu-mare.

b) Adăugați asafetida, chimenul și turmericul. Gatiti pana sfaraie semintele, aproximativ 30 de secunde.

c) Adăugați rădăcina de ghimbir și usturoiul. Gatiti, amestecand constant, timp de 1 minut.

d) Adăugați cartoful. Gatiti 2 minute.

e) Adăugați ceapa și ardeiul iute și gătiți încă 2 minute, până se rumenesc ușor.

f) Adăugați roșia și gătiți timp de 2 minute. În acest moment, veți fi creat o bază pentru preparatul dvs.

g) Adăugați vinetele. (Este important să păstrați capetele lemnoase, astfel încât tu și oaspeții tăi să poți mesteca mai târziu centrul delicios și cu carne.)

h) Adăugați sarea, garam masala, coriandru și pudra de chile roșu.
Gatiti 2 minute.

i) Dați focul la mic, acoperiți parțial tigaia și gătiți încă 10 minute.

j) Opriți focul, acoperiți complet tigaia și lăsați-o să stea timp de 5 minute, astfel încât toate aromele să aibă șansa de a se amesteca cu adevărat. Se ornează cu coriandru și se servește cu roti sau naan.

88. Masala Varza de Bruxelles

RANDAMENT: 4 CANI

Ingrediente

- 1 lingura ulei
- 1 lingurita de seminte de chimen
- 2 căni de Gila Masala
- 1 cană apă
- 4 linguri crema de caju
- 4 căni de varză de Bruxelles, tăiate și tăiate la jumătate
- 1-3 ardei iute thailandez, serrano sau cayenne, tocat
- 2 lingurițe sare de mare grunjoasă
- 1 lingurita garam masala
- 1 lingurita coriandru macinat
- 1 linguriță pudră de chile roșu sau cayenne
- 2 linguri coriandru proaspăt tocat, pentru ornat

Directii

a) Într-o tigaie adâncă și grea, încălziți uleiul la foc mediu-mare.

b) Adăugați chimenul și gătiți până sfârâie semințele, aproximativ 30 de secunde.

c) Adauga supa de rosii, apa, crema de caju, varza de Bruxelles, ardei iute, sare, garam masala, coriandru si pudra de ardei iute.

d) Se aduce la fierbere. Reduceți focul și fierbeți neacoperit timp de 10 până la 12 minute, până când varza de Bruxelles se înmoaie.

e) Se ornează cu coriandru și se servește peste orez basmati brun sau alb sau cu roti sau naan.

89.Pină vinete umplute cu caju

RENDAMENT: 20 PUCURI VINETE

Ingrediente

- ½ cană (69 g) caju crude ▢▢20 pui de vinete
- 2 linguri ulei, împărțit
- 1 lingurita de seminte de chimen
- 1 lingurita seminte de coriandru
- 1 lingura de seminte de susan
- ½ linguriță de semințe de muștar negru
- ½ linguriță de semințe de fenicul
- ¼ linguriță de semințe de schinduf
- 1 ceapă mare galbenă sau roșie, curățată și tăiată cubulețe
- 1 bucată de rădăcină de ghimbir, decojită și rasă sau tocată
- 4 catei de usturoi, curatati de coaja si tocati grosier
- 1-3 ardei iute thailandez, serrano sau cayenne, tocat
- 1 lingurita pudra de turmeric
- 1 lingurita jaggery ras (gur)

- 2 lingurite garam masala
- 1 lingură sare de mare grunjoasă
- 1 linguriță pudră de chile roșu sau cayenne
- 1 cană apă, împărțită
- 2 linguri coriandru proaspăt tocat, pentru ornat

Directii

a) Înmuiați caju în apă în timp ce pregătiți ingredientele rămase.

b) Tăiați 2 fante perpendiculare în fiecare vinete de jos, mergând spre tulpină și oprindu-vă înainte de a tăia vinetele. Ar trebui să rămână intacte. Când ați terminat, veți avea 4 secțiuni, ținute împreună de tulpina verde, lemnoasă. Puneți-le într-un castron cu apă în timp ce pregătiți ingredientele rămase. Acest lucru vă va ajuta să deschideți ușor vinetele, astfel încât să le puteți umple mai bine mai târziu.

c) Într-o tigaie grea, încălziți 1 lingură de ulei la foc mediu-mare.

d) Adăugați chimen, coriandru, susan, muștar, fenicul și semințele de schinduf. Gatiti pana cand semintele apar usor, aproximativ 30 de secunde. Nu gătiți prea mult - schinduful poate deveni amar.

e) Adăugați ceapa, rădăcina de ghimbir, usturoiul și ardeiul iute. Gatiti pana se rumeneste ceapa, aproximativ 2 minute.

f) Adăugați turmeric, jaggery, garam masala, sare, pudră de ardei iute și caju scurse. Gatiti inca 2 minute, pana se omogenizeaza bine.

g) Transferați acest amestec într-un robot de bucătărie. Adăugați ½ cană de apă și procesați până la omogenizare. Nu vă grăbiți; poate fi necesar să vă opriți și să răzuiți părțile laterale.

h) Vinetele sunt acum gata de umplut! Ținând o vinete într-o mână, puneți aproximativ 1 lingură din amestec în miezul vinetei, acoperind toate părțile.

i) Închideți ușor vinetele înapoi și puneți-o într-un castron mare până când terminați de umplut toate vinetele.

j) Într-o tigaie mare și adâncă, încălziți restul de 1 lingură de ulei la foc mediu-mare. Adăugați ușor vinetele, pe rând. Adăugați masala rămasă și ½ cană de apă rămasă și reduceți căldura la mediu-scăzut. Acoperiți tigaia și gătiți timp de 20 de minute, amestecând ușor din când în când, având grijă să păstrați vinetele intacte.

k) Opriți focul și lăsați vinetele să stea timp de 5 minute pentru a se găti cu adevărat și a absorbi toate aromele. Se ornează cu coriandru și se servește peste orez sau cu roti sau naan.

90. Spanac condimentat cu „Paneer"

RANDAMENT: 10 CANI (2,37 L)

Ingrediente

- 2 linguri ulei
- 1 lingura de seminte de chimen
- 1 lingurita pudra de turmeric
- 1 ceapă mare galbenă sau roșie, curățată și tăiată cubulețe
- 1 (2 inchi [5 cm]) bucată de rădăcină de ghimbir, decojită și rasă sau tocată
- 6 catei de usturoi, curatati si rasi sau tocati
- 2 rosii mari, tocate
- 1-2 ardei iute thailandez, serrano sau cayenne, tocat
- 2 linguri pasta de rosii
- 1 cană apă
- 1 lingura coriandru macinat
- 1 lingura garam masala
- 2 lingurițe sare de mare grunjoasă

- 12 cesti (360 g) spanac proaspat tocat, ambalate dens
- 1 pachet (14 uncii [397 g]) tofu organic extra-ferme, copt și tăiat cuburi

Directii

a) Într-o tigaie mare și grea, încălziți uleiul la foc mediu-mare.

b) Adăugați chimenul și turmericul și gătiți până sfârâie semințele, aproximativ 30 de secunde.

c) Adăugați ceapa și gătiți până se rumenește, aproximativ 3 minute, amestecând ușor pentru a nu se lipi.

d) Adăugați rădăcina de ghimbir și usturoiul. Gatiti 2 minute.

e) Adăugați roșiile, ardei iute, pasta de roșii, apă, coriandru, garam masala și sare. Reduceți focul și fierbeți timp de 5 minute.

f) Adăugați spanacul. S-ar putea să fie nevoie să faceți acest lucru în loturi, adăugând mai multe pe măsură ce se ofilește. Va părea că aveți mult prea mult spanac, dar nu vă faceți griji. Se va găti totul. Aveți încredere în mine!

g) Gatiti timp de 7 minute, pana cand spanacul este ofilit si fiert. Se amestecă cu un blender de imersie sau într-un blender tradițional.

h) Adăugați tofu și gătiți încă 2 până la 3 minute. Serviți cu roti sau naan.

91. Bame trosnitoare

RANDAMENT: 4 CANI

Ingrediente

- 2 linguri ulei
- 1 lingurita de seminte de chimen
- 1 lingurita pudra de turmeric
- 1 ceapa mare galbena sau rosie, curatata de coaja si tocata foarte gros
- 1 bucată de rădăcină de ghimbir, decojită și rasă sau tocată
- 3 catei de usturoi, curatati si tocati, tocati sau rasi
- 2 kilograme de bame, spălate, uscate, tăiate și tăiate
- 1-2 ardei iute thailandez, serrano sau cayenne, tocat
- ½ linguriță pudră de mango
- 1 linguriță pudră de chile roșu sau cayenne
- 1 lingurita garam masala
- 2 lingurițe sare de mare grunjoasă

Directii

a) Într-o tigaie adâncă și grea, încălziți uleiul la foc mediu-mare. Adăugați chimenul și turmericul. Gatiti pana cand semintele incep sa sfaraie, aproximativ 30 de secunde.

b) Adăugați ceapa și gătiți până se rumenește, 2 până la 3 minute. Acesta este un pas cheie pentru bamele mele. Bucățile mari și groase de ceapă trebuie să se rumenească peste tot și să se carameslizeze ușor. Aceasta va fi o bază delicioasă pentru felul final.

c) Adăugați rădăcina de ghimbir și usturoiul. Gatiti 1 minut, amestecand din cand in cand.

d) Adăugați bame și gătiți timp de 2 minute, doar până când bame devine verde strălucitor.

e) Adăugați chiles, pudra de mango, pudra de ardei iute, garam masala și sare. Gatiti 2 minute, amestecand din cand in cand.

f) Reduceți focul la mic și acoperiți parțial tigaia. Gatiti timp de 7 minute, amestecand din cand in cand.

g) Opriți focul și reglați capacul astfel încât să acopere oala în întregime. Lăsați-l să stea timp de 3 până la 5 minute pentru a permite absorbția tuturor aromelor.

h) Se ornează cu coriandru și se servește cu orez basmati brun sau alb, roti sau naan.

92. Pui chinezesc iute și picant

Randament: 4 portii

Ingredient

1 Cepa

2 Ardei iute -- sau mai mult

4 TB ulei

1 TB de ghimbir mărunțit

1 TB Sherry

2 TB Sos de soia light

Friteuză de 2 lb

½ c supă de pui

1 TB Sos de soia light

2 TB Oțet de vin

1 TB de zahăr

½ linguriță sare

1 linguriță de ardei anason - sau 2

1 TB amidon de porumb

a) Tăiați puiul în bucăți mici, marinați 15-20 de minute în amestec de ghimbir, sherry, sos de soia. Tăiați ceapa și ardeiul iute pe diagonală în bucăți de 1 inch.

b) Se macină ardeiul anason până la pudră. Amestecați bulionul de pui, sosul de soia, oțetul de vin, zahărul, sare și piper. Încinge uleiul. Se adaugă ceapa și se prăjește de câteva ori.

c) Adăugați ghimbir, sherry, amestec de soia și pui la ceai și ardei iute și se prăjesc încă 1-2 minute. Adăugați amestecul de supă de pui, amestecați bine.

d) Gatiti la foc mic pana bucatile de pui sunt fragede. Adăugați amidon de porumb pentru a se îngroșa. Servi.

93.Fasole picante

RANDAMENT: 5 CANI (1,19 L)

Ingrediente

- 4 căni de fasole fiartă
- 1 cartof mediu, fiert și tăiat cubulețe
- ½ ceapă roșie medie, curățată și tăiată cubulețe
- 1 roșie medie, tăiată cubulețe
- 1 bucată de rădăcină de ghimbir, decojită și rasă sau tocată
- 2-3 ardei iute verzi thailandezi, serrano sau cayenne, tocate
- Suc de 1 lămâie
- 1 lingurita Chaat Masala
- ½ linguriță sare de mare grunjoasă
- ½-1 linguriță pudră de chile roșu sau cayenne

Directii

c) Într-un castron mare, amestecați toate ingredientele.

Condiment fierbinte

94. Poppers cu naut

RANDAMENT: 4 CANI

Ingrediente

- 4 căni de năut fiert sau 2 cutii de 12 uncii de năut
- 1 lingură garam masala, Chaat Masala sau Sambhar Masala
- 2 lingurițe sare de mare grunjoasă 2 linguri ulei
- 1 linguriță pudră de chile roșu, piper cayenne sau boia de ardei, plus mai mult pentru stropire

Directii

a) Setați un grătar pentru cuptor în cea mai înaltă poziție și preîncălziți cuptorul la 425°F (220°C). Tapetați o foaie de copt cu folie de aluminiu pentru o curățare ușoară.

b) Scurgeți năutul într-o strecurătoare mare pentru aproximativ 15 minute pentru a scăpa de cât mai multă umezeală. Dacă folosiți conserve, clătiți mai întâi.

c) Într-un castron mare, amestecați ușor toate ingredientele.

d) Aranjați năutul condimentat într-un singur strat pe tava de copt.

e) Gatiti 15 minute. Scoateți cu grijă tava din cuptor, amestecați ușor pentru ca năutul să se gătească uniform și gătiți încă 10 minute.

f) Se lasa sa se raceasca 15 minute. Stropiți cu pudra de chile roșu, ardei cayenne sau boia de ardei.

95.Salata de porumb de strada

RANDAMENT: 4 CANI

Ingrediente

- 4 spice de porumb, decorticate si curatate
- Suc de 1 lămâie medie
- 1 lingurita sare de mare grunjoasa
- 1 lingurita sare neagra (kala namak)
- 1 lingurita Chaat Masala
- 1 linguriță pudră de chile roșu sau cayenne

Directii

a) Prăjiți porumbul până se carbonizează ușor.

b) Scoateți boabele din porumb.

c) Pune boabele de porumb intr-un castron si amesteca toate celelalte ingrediente. Serviți imediat.

96.Salata de fructe Masala

RANDAMENT: 9-10 CANI

Ingrediente

- 1 pepene galben copt mediu, decojit și tăiat cubulețe (7 căni [1,09 kg])
- 3 banane medii, decojite și tăiate felii
- 1 cană (100 g) struguri fără semințe
- 2 pere medii, fără miez și tăiate cubulețe
- 2 mere mici, fără miez și tăiate cubulețe (1 cană [300 g])
- Suc de 1 lămâie sau lime
- ½ linguriță sare de mare grunjoasă
- ½ linguriță Chaat Masala
- ½ linguriță sare neagră (kala namak)
- ½ linguriță pudră de chile roșu sau cayenne

Directii

a) Într-un castron mare, amestecați ușor toate ingredientele.

b) Serviți imediat în mod tradițional street food, în boluri mici cu scobitori.

97.Cartofi schinduf-spanac

RANDAMENT: 3 CANI

Ingrediente

- 2 linguri ulei
- 1 lingurita de seminte de chimen
- 1 pachet de 12 uncii spanac congelat
- $1\frac{1}{2}$ cani de frunze uscate de schinduf
- 1 cartof mare, decojit și tăiat cubulețe
- 1 lingurita sare de mare grunjoasa
- $\frac{1}{2}$ linguriță pudră de turmeric
- $\frac{1}{4}$ de linguriță pudră de chile roșu sau cayenne
- $\frac{1}{4}$ cană apă

Directii

a) Într-o tigaie grea, încălziți uleiul la foc mediu-mare.

b) Adăugați chimenul și gătiți până sfârâie semințele, aproximativ 30 de secunde.

c) Adăugați spanacul și reduceți focul la mediu-mic. Acoperiți tigaia și gătiți timp de 5 minute.

d) Adăugați frunzele de schinduf, amestecați ușor, puneți capacul și gătiți încă 5 minute.

e) Adăugați cartofii, sarea, turmericul, pudra de ardei iute și apă. Se amestecă ușor.

f) Puneți capacul și gătiți timp de 10 minute.

g) Luați tigaia de pe foc și lăsați-o să stea cu capacul încă 5 minute. Serviți cu roti sau naan.

98.Fasole Masala prăjită sau linte

RANDAMENT: 4 CANI

Ingrediente

- 4 cesti de fasole intreaga sau linte fierte
- 1 lingură garam masala, Chaat Masala sau Sambhar Masala
- 2 lingurițe sare de mare grunjoasă
- 2 linguri ulei
- 1 linguriță pudră de chile roșu, cayenne sau boia de ardei

Directii

a) Preîncălziți cuptorul la 425°F (220°C). Tapetați o foaie de copt cu folie de aluminiu pentru o curățare ușoară.

b) Într-un castron mare, amestecați ușor fasolea sau lintea, masala, sarea și uleiul.

c) Aranjați fasolea condimentată sau lintea într-un singur strat pe foaia de copt pregătită.

d) Coaceți timp de 25 de minute.

e) Stropiți cu ardei iute roșu, cayenne sau boia de ardei.

99.Fasole cu frunze de curry

RANDAMENT: 6 CANI (1,42 L)

Ingrediente

- 2 linguri ulei de cocos
- ½ linguriță pudră de asafetida (hing)
- ½ linguriță pudră de turmeric
- 1 lingurita de seminte de chimen
- 1 linguriță de semințe de muștar negru
- 15-20 de frunze proaspete de curry, tocate grosier
- 6 ardei iute roșu uscat întregi, tocați grosier
- ½ ceapă medie galbenă sau roșie, curățată și tăiată cubulețe
- 14 uncii lapte de cocos
- 1 cană apă
- 1 linguriță Rasam Powder sau Sambhar Masala
- 1½ linguriță sare de mare grunjoasă
- 1 linguriță pudră de chile roșu sau cayenne
- 3 căni (576 g) de fasole sau linte întregi gătite

- 1 lingura coriandru proaspat tocat, pentru garnitura
Indicatii

a) Într-o cratiță adâncă și grea, încălziți uleiul la foc mediu-mare.

b) Adăugați asafetida, turmeric, chimen, muștar, frunze de curry și ardei iute roșu. Gatiti pana sfaraie semintele, aproximativ 30 de secunde. Semințele de muștar pot să apară, așa că ține un capac la îndemână.

c) Adăugați ceapa. Gatiti pana se rumenesc, aproximativ 2 minute, amestecand des pentru a nu se lipi.

d) Adăugați laptele de cocos, apa, pudra Rasam sau Sambhar Masala, sare și pudra de ardei iute. Se aduce la fierbere, apoi se reduce focul și se fierbe timp de 1 până la 2 minute, până când aromele infuzează laptele.

e) Adăugați fasolea sau lintea. Se încălzește și se fierbe timp de 2 până la 4 minute, până când leguminoasele sunt infuzate cu aromă. Adăugați încă o cană de apă dacă doriți o consistență mai supă. Serviți imediat, ornat cu coriandru, în boluri adânci cu orez basmati brun sau alb.

100.Curry inspirat de Sambhar pe plită

RANDAMENT: 9 CANI

Ingrediente

- 2 căni (396 g) de fasole sau linte întregi gătite
- 9 căni (2,13 L) apă
- 1 cartof mediu, decojit și tăiat cubulețe
- 1 lingurita pasta de tamarind
- 5 căni (750 g) legume (folosește o varietate), tăiate cubulețe și julien
- 2 linguri pline Sambhar Masala
- 1 lingura ulei
- 1 lingurita pudra de asafetida (hing) (optional)
- 1 lingura de seminte de mustar negru
- 5-8 ardei iute roșii uscati întregi, tăiați grosier
- 8-10 frunze proaspete de curry, tocate grosier
- 1 linguriță pudră de chile roșu sau cayenne
- 1 lingură sare de mare grunjoasă

Directii

a) Într-o oală adâncă de supă, la foc mediu-mare, combinați fasolea sau lintea, apa, cartofii, tamarindul, legumele și Sambhar Masala. Se aduce la fierbere.

b) Reduceți focul și fierbeți timp de 15 minute, până când legumele se ofilesc și se înmoaie.

c) Pregătiți călirea (tarka). Într-o tigaie mică, încălziți uleiul la foc mediu-mare. Adauga asafetida (daca folosesti) si semintele de mustar. Muștarul are tendința de a sparge, așa că ține un capac la îndemână.

d) Odată ce semințele încep să apară, adăugați rapid ardeiul iute și frunzele de curry. Gatiti inca 2 minute, amestecand des.

e) Odată ce frunzele de curry încep să se rumenească și să se învârtească, adăugați acest amestec la linte. Gatiti inca 5 minute.

f) Adăugați pudra de ardei iute și sare. Serviți ca o supă copioasă, ca o parte tradițională la dosa sau cu orez basmati brun sau alb.

www.ingramcontent.com/pod-product-compliance
Lightning Source LLC
Chambersburg PA
CBHW070507120526
44590CB00013B/772